CORPUS
SCRIPTORUM ECCLESIASTICORUM
LATINORUM

EDITUM CONSILIO ET IMPENSIS

ACADEMIAE LITTERARUM CAESAREAE

VINDOBONENSIS

VOL. VII.

VICTORIS EPISCOPI VITENSIS HISTORIA PERSECUTIONIS AFRICANAE PROVINCIAE

EX RECENSIONE MICHAELIS PETSCHENIG.

VINDOBONAE

APUD C. GEROLDI FILIUM BIBLIOPOLAM ACADEMIAE

MDCCCLXXXI.

Verlag der
Österreichischen Akademie
der Wissenschaften

ÖAW

VICTORIS EPISCOPI VITENSIS

HISTORIA
PERSECUTIONIS AFRICANAE PROVINCIAE

RECENSUIT

MICHAEL PETSCHENIG

ACCEDIT INCERTI AUCTORIS PASSIO SEPTEM MONACHORUM ET NOTITIA QUAE VOCATUR.

VINDOBONAE

APUD C. GEROLDI FILIUM BIBLIOPOLAM ACADEMIAE

MDCCCLXXXI.

Verlag der
Österreichischen Akademie
der Wissenschaften

ÖAW

UIRO DOCTISSIMO ATQUE HUMANISSIMO
PRAECEPTORI CARISSIMO

CAROLO SCHENKL

HUNC LIBELLUM

GRATO ANIMO DEDICO.

UIRO DOCTISSIMO ATQUE HUMANISSIMO
PRAECEPTORI CARISSIMO

CAROLO SCHENKL

HUNC LIBELLUM

GRATO ANIMO DEDICO.

PRAEFATIO.

Ad Uictoris Uitensis historiam emendandam libri manu scripti mihi praesto fuerunt nouem. Quorum ut antiquissimus, ita optimus est

B Cod. bibliothecae Bambergensis sign. E. III. 4, membranaceus, formae minoris, foliorum 248, saeculo IX ut uidetur litteris admodum nitidis atque perspicuis exaratus. Continet Uictorem et Pauli historiam Romanam. Libri Bambergensis bonitas atque praestantia tanta est, ut plurimis locis lectio uera aut in eo solo nitatur aut nisi illo adhibito e reliquorum librorum scripturis discrepantibus erui omnino non possit. Cuius rei exempla proferre superuacaneum est, cum quauis pagina editionis nostrae inspecta, quae ratio inter *B* et libros reliquos intercedat, facile cognoscatur. Quamquam nec Bambergensis mendis et uitiis omnino caret. Descriptus enim est ex archetypo, in quo multa propter falsam litterarum pronuntiationem, quae saeculis VI—IX maxime grassata est, corrupte tradita, nonnulla etiam incuria librarii omissa erant. Contra interpolationis uestigia frustra in eo quaeras, nisi illud II, 83 *in libro Iob primo*, quod omnes libri eiusdem familiae tuentur, eo pertinere existimes.

V Cod. bibl. imp. Uindobonensis n. 583, membr., formae minoris, fol. 216, saec. X, et ipse Uictorem ac Pauli historiam continet. Hic liber quin ex eodem archetypo quo Bambergensis fluxerit, dubitari non potest, sed uno plus gradu a communi fonte distat, quam *B*. Multa enim in eo transposita, plura etiam interpolandi libidine uitiata sunt. Archetypi errata haud pauca, quae in *B* fere integre seruantur, in *V* aut manus prima statim correxit, aut una alteraue manus posterior partim recte emendauit, partim coniectura peruersa mutauit. Quamquam igitur Uindobonensis bonitate Bambergensem non aequat, tamen minime spernendus est, cum horum codicum consensus, in primis in libro secundo et tertio, pro uno codice eoque satis antiquo aestimandus sit[1]).

C Cod. monasterii Cremifanensis in Austria superiore, sign. n. 36, saec. XII, membran., forma quadrata, foliorum 252. Uictorem antecedit Ambrosii Hexaemeron, sequitur Pauli historia. Simillimus est Uindobonensi, non tamen ex eo deriuatus. Lectionibus enim, quas cum *V* solo communes habet, aliae haud paucae repugnant prorsus diuersae. Quam ob rem ex eodem fonte utrumque fluxisse puto. Liber Cremifanensis inter optimos numerandus est, cum librarius, qui eum ex archetypo uetusto descripsit, munere suo diligentissime functus sit. Praeterea is, qui saeculo tertio decimo ut uidetur codicis emendandi opus suscepit, coniecturas aliquot egregias in usum nostrae editionis suppeditauit. Cf. II, 31. III, 10. 12.

W Cod. Uindobonensis 408, olim Admontensis, saec. XI, membr., formae maioris, fol. 189. Uictorem antecedunt Thegani uita Ludouici Pii et Reginonis Prumiensis Chronicon ab anonymo continuatum usque ad a. 967. *W* interpolationibus audacioribus non uacat, melioribus autem utique adnumerandus est.

M Cod. lat. Monacensis 2545, olim Alderspacensis, saec. XII, membr., formae quadratae, fol. 127. Continet praeter Uictorem Bedae expositionem super actus apostolorum, Isidori soliloquiorum libros II, Leonis papae sermonem de fide catholica.

---

[1]) In lectionibus codicum *BV* enotandis Halmius nonnumquam errauit. E. g. I, 4 *B* non habet *domus*, sed *domos*, I, 11 *quas*, I, 16 *ad sepulturę*, I, 22 *conpleretur* (sic etiam *V*), I, 35 *sesaoni*, I, 42 *tunuzuda*, I, 43 *diruptas*. Ubicumque ergo alias atque Halmius lectiones ex *BV* attuli, ita in eis legi contendo ut a me indicatum est, idque optimo iure, cum illos codices semel atque iterum diligentissime excusserim. At etiam de libro Bernensi, quem raro tantum laudauit, falsa nonnumquam rettulit uir alioquin de Uictore meritissimus. Is enim liber I, 32 non habet *commercia*, sed *conmertia*, II, 31 non *aucupari*, sed *occupare*, II, 54 non *detestantes*, sed *destantes*, II, 72 in eo non desunt uerba *potuit intimare . . . generationis.*

s Cod. monasterii Admontensis in Styria, sign. n. 739, saec. XII, membr., formae minoris, fol. 151. Uictorem sequitur 'uita sancti Iohannis elemosinarii'.

Monacensis et Admontensis in omnibus grauioribus consentientes aut e codice Uindobonensi *V* iam emendato aut ex eius apographo quodam fluxerunt. Nam et plurimis locis lectiones *V* primarias seruant et ubi ille correctus est, plerumque eandem correctionem tamquam lectionem integram exhibent. Multa autem in eis temere mutata, uerba omissa addita transposita sunt. Admontensem praeterea manus altera partim ope codicis *W* correxit, partim coniecturas inutiles pro uera scriptura posuit, locos etiam difficiliores penitus erasit. Hos igitur codices non magni momenti esse ad Uictoris uerba emendanda facile apparet; tamen eos omnino neglegere nolui, cum haud raro ab optimis stent illorumque lectionem testimonii instar comprobent. Itaque scripturas notatu dignas recepi, deterrima quaeque reieci.

a Cod. Abrincensis 162, saec. XII, membran., binis columnis scriptus, quamquam et mutilus est [1]) et interpolatus, tamen ad aliquot locos sanandos opem haud spernendam tulit. Sic ut exemplum proferam Pass. 11 lectio uulgata est *perferimus praeparatum supplicium*. At *perferimus* deteriores tantum libri praebent; V^1 habet *proferimur*, *B proferimur ~~ad~~*, cui egregie consentit *a*, in quo item *proferimur ad* extat.

b Cod. Bernensis 48, olim Floriacensis, saec. X [2]), membran., forma maxima, fol. 192, binis columnis scriptus. Uictorem excipiunt passiones et uitae sanctorum. Primum folium deperditum est. Bernensis neglegentissime scriptus a manu antiqua ope libri cuiusdam codici *a* simillimi plurimis locis correctus est.

P Cod. Parisinus latinus 2015, olim Colbertinus 905, saec. X,

---

[1]) Desunt in hoc libro praeter I, 49—II, 7 et II, 99—III, 8, quas lacunas in comm. crit. accuratius notaui, etiam compluria in libri primi §§. 19—21, 27—29, parte folii tertii auulsa.

[2]) Bernensem saeculo decimo scriptum esse inde suspicor, quod in eo *a* littera aperta (= *u*) saepe reperitur.

membran., forma maxima, fol. 188. Uictorem antecedunt sermones s. Augustini de uerbis domini.

Codicis Abrincensis collationem humanitati Alfredi Schoenii debeo, reliquos ipse contuli. Praeterea lectiones duorum librorum, quibus Halmius usus est[1]), Berolinensem (*L*) dico et Bruxellensem (*R*), in meum usum conuerti. Horum Berolinensis minimi est pretii, Bruxellensis simillimus Parisini et paene gemellus.

Uictoris librorum duo esse genera iam Halmius intellexerat (cf. eius praef. p. V). Ad alterum, quod textum meliorem sincerioremque praebet, pertinent *B V C M s a L*; horum librorum
α archetypum littera *α* signaui. Ab altera parte stant *P* b^1 *R* (*β*);
β nam b^2, ut supra dixi, lectiones codicis cuiusdam familiae *α* exhibet[2]). Librorum *α* consensus praecipue in lectionibus communibus cernitur, non item in lacunis. Nam quae in uetustioribus omissa sunt, recentiores partim praebent aut per coniecturam suppleta ut C^2 *M s L*, aut e codicibus alterius generis intrusa ut *a*. Cuius rei exempla haec sunt:

	deest in	extat in
I, 24 *ut*	*BVCMa*	*L* (*s* m. 2)
I, 37 *simul*	*BVCMsL*	*a* (ex *β*)
I, 38 *indomitis equis plangentibus*	*BVCMsL*	*a* (ex *β*)
II, 8 *regi*	*BVCMsL*	*a* (ex *β*)
III, 2 *dederant*	*BVCsL*	*M*[3])
III, 22 *est*	*BVC*	*aMsL* (at in *MsL* transpositum)
III, 49 *matre*	*BVM*	*CasL* (in *Cs* supra lin.)
III, 70 *non*	*BV*C^1*M*s^1	$C^2 s^2$ *aL* (sed in *L* transpositum).

φ Peculiari cognationis nexu *V C M s* inter se coniunctos esse iam supra significaui; hos libros e communi fonte (*φ*) manasse manifestum est.

---

1) Cf. Mon. Germ. hist. auct. antiquiss. tom. III, pars prior, p. V.

2) Familiae *β* affinis fuit liber ille sub finem saeculi noni in Francogallia conscriptus, cuius etiamnunc folia duo in bibliotheca
F imperiali Petropolitana adseruantur. Istud fragmentum, cuius lectiones I. Koenigio intercedente roganti mihi benignissime transmisit A. Kreisberg Petropolitanus, partem libri tertii inde a §. 52 '*immanitatis eorum*' usque ad §. 63 '*calumniis gerunt*' complectitur.

3) *a* hoc loco mutilus est.

Multo artius *P b R* inter se cohaerent, quos e codice non adeo uetusto deriuatos esse plurimarum lectionum, interpolationum, lacunarum consensu aperte demonstratur. Igitur archetypum *β*, in quo unum folium transpositum erat (cf. ad III, 9), neque antiquiorem fuisse Bambergensi neque meliorem iure affirmaueris.

Locum prorsus singularem *W* obtinet. Qui cum ab utraque familia sit longe diuersus, propius tamen ad *α* accedit quam ad *β*. Habet suas lectiones, suas lacunas, suas interpolationes, suam etiam orthographiam. Quae cum ita sint, haud scio an rectius tria librorum genera quam duo esse statuas.

Communem omnium librorum originem lectiones quaedam uitiatae ostendunt, quae aut in omnibus aut in melioribus aeque reperiuntur.

	lectio librorum	uera lectio
I, 21	*alio generis argumento* (*genere argumenti Ms*²)	*alius generis argumento*
I, 51	*Epiro uetus uel* (*uel* om. *β*)	*Epiro uel*
II, 31	*puniuntur . . . fustibus*	*ponuntur . . . postibus*
II, 45	*secundi donationum* (*donatianum Wβ*)	*Secundianum*
III, 10	*populares* (*pupulares W*)	*principales*
III, 12	*superius neglecta* (*neglegenda W*)	*super his neglecte*
III, 39	*uero* (uel *uiro*) *dimittuntur*	*ueredi mittuntur*
III, 54	*imperio regi* (*regis C W M a L b*)	*impio regi.*

Sed ne additamentis spuriis quidem archetypus ille omnino caruit. Nam et libri tertii finem (§. 71) recte iam deleuit Halmius et III, 42 nomina septem monachorum e Passione quae uocatur eo translata esse nemo non uidet, cum in omnibus libris exceptis *W L* aut unum aut plura nomina desint. Quid autem de prologo obscurissimo et in quo sensum ac rationem frustra quaeras existimandum sit, alio loco fusius exposui [1]. Iam uero quae sit librorum inter se cognatio uel diuersitas quoue quisque interuallo ab archetypo distet, stemma infra adiectum indicabit. Quod si quis hanc rem accuratius per-

---

[1]) In commentatione infra memorata p. 727—732.

quirere cupit, adeat commentationem meam quae inscribitur *Die handschriftliche Ueberlieferung des Uictor von Uita*, *Sitzungsber. d. kais. Akad. d. Wissensch. in Wien, phil.-hist. Classe, tom. XCVI, p. 637 sqq.*, in qua et de libris manu scriptis in uniuersum et de singulis locis uel emendandis uel recte aestimandis copiosissime disputaui.

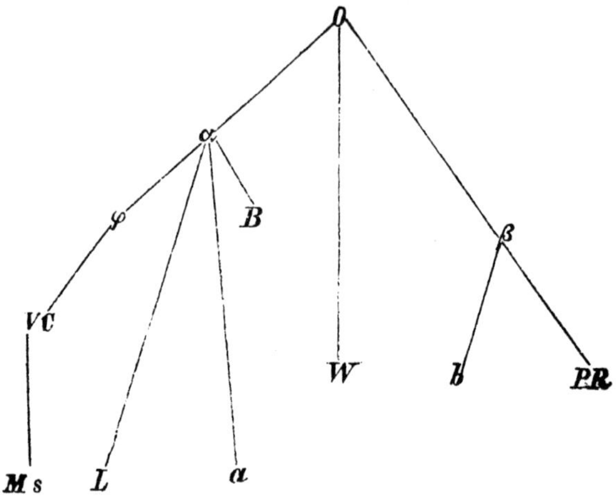

Hactenus de Uictoris historia. Non eadem est ratio emendandi Libri fidei catholicae, quem a Uictore ipso operi suo insertum esse ueri simile est [1]). Ille enim libellus non solum

---

[1]) Minime uera sunt quae Papencordtius (*Gesch. d. vand. Herrsch. in Afrika p. 115*) protulit: '*Unter dem 18. Februar reichten die Bischöfe eine schriftliche Auseinandersetzung ihres Bekenntnisses dem Könige ein*'; et in adnot. 3: '*Dasselbe* (*Glaubensbekenntniss*) *trägt zwar die Unterschrift* XII Kalendarum Maiarum; *aber augenscheinlich fällt es vor der Verordnung Hunerichs, wie Victor selbst erzählt, und* „Maiarum" *ist in* „Martiarum" *zu verbessern.*' Librum enim fidei regi traditum non fuisse antequam edictum contra catholicos promulgaret, quod factum est a. d. VI. Kal. Martias, ipsa uerba edicti docent. In quo cum rex animum episcoporum catholicorum obstinatum non semel sed saepius (cf. III, 6. 7) designaret, qui *seditione et clamoribus omnia perturbantes ad conflictum facerent minime perueniri*, nusquam tamen eius libelli mentionem fecit. Quod certe euitare non poterat, si liber iam traditus fuisset. Inde patet Librum fidei primum episcopis Arianis tantum oblatum esse (cf. II, 55; III, 1), postea uero etiam regi innotuisse.

A in Uictoris libris manu scriptis, sed etiam in codice Laudunensi n. 113 saec. IX seruatus est. Sed Laudunensem, quamuis hic illic optimae sit notae, tamen saepius interpolationibus inquinatum esse atque recensionem exhibere a Uictoris libris longe diuersam in commentatione, cuius supra mentionem feci, multis exemplis et argumentis probaui. Qua re in textu Libri fidei constituendo Uictoris codices ita secutus sum, ut Laudunensem uetustate insignem nusquam neglexerim [1]).

Ex editionibus uetustioribus Lorichianam et Ruinartianam inspexi. Quas cum post Halmii curam eximiam fere nullius pretii esse intellexissem, penitus abieci, reliquas cognoscere non curaui, quippe qui Halmium lectionibus editionis

---

Igitur quod legimus in libri illius subscriptione (II, 101) '*directa* XII *Kal. Maiarum*', intellegendum erit '*directa ad regem*'. Sententiae nostrae mirum in modum fauet Gennadius in Catal. c. 97: *Eugenius Carthaginiensis Africae ciuitatis episcopus et confessor publicus, admonitus ab Hunerico, Uandalorum rege, catholicae fidei expositionem et maxime uerbi 'homousii' proprietatem disserere* (id quod in Librum fidei plane cadit), *cum consensu omnium Africae Mauritaniae et Sardiniae atque Corsicae episcoporum et confessorum* (cf. Uict. II, 55 *nostri . . . libellum conscripserant*), *qui in catholica permanserunt fide, composuit librum fidei non solum sanctarum scripturarum sententiis, sed et patrum testimoniis munitum* (in hoc Gennadius errauit), *et per collegas confessionis suae direxit* (scil. per quattuor illos, qui apud Uict. II, 101 nominantur). — Ipsum autem Uictorem Librum fidei inseruisse historiae cum per se probabile est — quid enim maioris momenti episcopo catholico quam defensio fidei et refutatio haereticorum? — tum ex auctoris uerbis consequitur. Cum enim in fine libri secundi dixisset '*nostri . . . libellum conscripserant dicentes: si nostram fidem cognoscere desideratis, haec est ueritas quam tenemus*', tertium sic incipit: '*Qui cum noster libellus legeretur oblatus*', quae uerba, si sermonem Uictori usitatum consideres (cf. Indic. III '*relatiuo adiungitur substantiuum*'), uertas necesse est: *Als nun diese von uns überreichte Schrift gelesen wurde.* Quod si quis cum Halmio (ad II, 56) existimat episcopos catholicos potius perscripturos fuisse '*fidei dogmata breuibus sententiis concepta*' quam '*tractatum dogmaticum prolixum de una trinitate*', is legat uelim Fulgentii Ruspensis libros '*Contra Arianos*' et '*Ad Trasimundum regem Uandalorum*'.

[1]) Codicis *A* lectiones ex Halmii editione deprompsi.

principis receptis apparatum criticum onerasse magis quam ditasse uiderem.

Restat ut de codicum orthographia quam accuratissime disseram. Hanc quidem multo rectius se habere in *α* quam in *β* nomina propria documento sunt. Sic nomen *Geisericus* in *α* nusquam uitiatum in *Pb* uarie scribitur. *geysericus* habent *Pb* I, 12, 19, 39, 51, *b* alias, ut I, 20, 21, 24, 33, 37, 43, II, 1, 13, 14, 15, III, 25. *P* uero, cui consentit *R*, plerumque praebet formam *geysiricus* (I, 2, 20, 24, 37, 43, II, 1, 14, 15, III, 25, 33), bis habet *geiricus* (I, 21, II, 13), semel tantum recte *geiserici* (I, 33). Aliorum nominum exempla in commentatione mea p. 649 sq. dedi. Similis ratio inter *α* et *β* etiam in ceteris scribendis intercedit. Minime deformatus est *B*, qui semper recte habet *prouincia solacium sollemnitas nuntiare oboedire sociare urguere*; nonnumquam etiam solus ueram scripturam seruauit ut II, 31 *lucustarum*. Iam uero singulorum librorum menda orthographica, quibus commentarios onerare nolui, hoc loco exponere libet.

Codicis *B* uitia longe plurima in commutatione litterarum *e, ę, ae* consistunt. Leguntur itaque in eo *seuus uuandalice equor edem africe sepius* (fere), item *praecipuę cęreas fidęi proprię* (fere) *patrę pęnitus*, et similia; *ae* pro *e* bis tantum: II, 66 *sempiternae*, III, 15 *aedicta*. Multo rarius *oe, e, ę* confunduntur, ut I, 18, II, 12 *cępit*, II, 28 *cęperunt*, III, 29 *cepit*, III, 9 *poenitus* et *pęna*. Praeterea notanda sunt I, 3 *spetiositatem*, II, 18 *presbiter*, III, 8 *presbiteros*, III, 29 *misteria*, I, 8 *chartagine*, I, 12 *chartaginem*, II, 27 *chartagini*; *cartago* sine aspiratione scriptum est I, 29, 44, II, 47, III, 2, 14, 39, 53.

Communem originem librorum *VCM* haec produnt: I, 7 *canicies*, I, 16 et Pass. 11 *sollempnitate*, I, 29 *prouintiae*, III, 62 *condempnationem*, Pass. 16 *secula seculorum*, *cartago* absque *h* I, 12, 44, 51, II, 3, 27, III, 2, 14, 15, 27, 53. — *VC* communia habent haec: I, 1 *equor*, I, 16 *martiris*, I, 18 *cępit*, I, 25 *sataegit*, II, 1 *presbiteros*, II, 16 *cybarioque*, II, 46 et III, 38 *cybum*, II, 100 *misteriis*, III, 8 *pęnitus*, Pass. 3 *inluuię*, II, 60 et 67 *euuangelista*. — Et in *V* et in

M leguntur I, 15 *cartaginis*, II, 84 *euuangelista*, III, 36 *cęnam*, in *C* et *M* III, 60 *uendicauit*. In *V* insuper occurrunt *i* pro *y* ut *presbiter* I, 51, II, 16, 18, III, 42, *martir* Pass. 9 et 15, *y* pro *i* in *cyborum* II, 46, *oe* pro *e* in *poenitus* III, 9, *u* pro *uu* in *uandalis* I, 17, *uu* pro *u* in *euuangelium* et *euuangelista* (fere semper) II, 59, 60 (ter), 61, 68 (bis), 82, 87, 88, 89, 90, III, 20, 69. — Ex *C* notanda sunt *i* pro *y* in *tirannus* II, 23, *misterium* II, 81, III, 4, 29, *paralisi* II, 26, *n* pro *m* in *tanquam* I, 6, 50, II, 68, *p* pro *b* in *obpropria* III, 65. Plura *M* praebet, ut *e* pro *i* in *uendicare* I, 7, II, 23, III, 4, *i* pro *y* in *martir*, *martirium* I, 9, 30, *tirannus* Pass. 3, *y* pro *i* in *ymbre* I, 36, *ff* pro *f* ut *affrica affricanus* I, 1 (bis), 25, *h* omissum in *ymnus* I, 16, II, 49, 80, *cartago* II, 42, 47, III, 49, *ch* pro *h* in *nichil* I, 43, *mpn* pro *mn* semper, ut *calumpnia* I, 22, II, 2, III, 19, 63, *dampnum dampnare* II, 16, 28, 99, III, 12, 46, *sollempnitas* I, 41, II, 34, *columpna* I, 47, *n* pro *m* in *menbrum* (semper), *nunquid* III, 18, *tt* pro *t* in *cottidie* (ubique). Similia etiam in *s* occurrunt, sed multo rarius.

Codicis Abrincensis haec propria sunt: *e* pro *ae* et *oe* fere semper, item *i* pro *y* in *martir martirium tirannus abissus himnus misterium paralisis*, *y* pro *i* in *hyspaniam* I, 1, III, 29, *hylares* II, 30, *ydiota* II, 98, *omousyon* et *omousyani* (fere), *ff* pro *f* in *affrice affricamque* I, 1, *h* omissum in *cartago* I, 15, II, 27, III, 14, *tronum* II, 53, *ioannes* (semper), *sepulcrum* I, 46, III, 58, 60, *ch* pro *h* in *nichil* I, 43, *mpn* in *calumpnia* I, 22, II, 8, III, 19, 63, *dampnare* II, 16, 28, III, 12, 46, *columpna* I, 47, *solempnitate* Pass. 11, *l* pro *ll* in *solemnis solemnitas* I, 16, 41, II, 34, *n* pro *m* in *tanquam* I, 6, *nunquid* III, 18, *menbrum* I, 26, 31, *u* pro *uu* in *uandalus* ubique excepto *wandalice* I, 1. Notandum denique *epiphaniorum* II, 47 (*epif.* plerique).

In *W* nonnulla recte sunt scripta, ut *caenum*, *sollemnitas*, *oboedire*; alia satis inconstanter uariantur, ut *cotidie* et *cottidie*, *urgere* et *urguere*; *faetor* et *faetidus* alias, at II, 18 *fetor*; *heresis* et *heretici* passim, at III, 44 *haeretica*, III, 65 *haereticum*. Notandum autem, in hoc libro saepissime *ae* pro *e* poni, ut legatur *aecclesia* (fere), *caena*, *haeremo*, *laegatum*, *paenitus*, *inaedia*, *egraessus*; rarius *oe* pro *ae* et *e* ut *poene* I, 42, II, 1, *poenitus* II, 57, III, 9, 15, 28, 51, *ae* pro *oe* ut *caeperint*, *faederata*. Confunduntur praeterea *e* et *i* in *uendicabat* I, 7, *uendicasset* II, 23, *i* et *y* in *martir* et *martirium* (I, 9, 16, 30, 47), *misterium* (I, 18, II, 77, 81), *tirannum* (II, 51), *paralisis* (III, 43), *syon* (I, 7), *epyphaniorum* (II, 47). Haud raro *c* pro *t* ponitur, saepissime uero *t* pro *c*, item *s* pro *ss*. Aspiratio neglegitur aut falso ponitur in *chartagine* I, 8, *chartaginem* I, 12, *charthaginis* I, 15, *cartago* I, 29, II, 27, III, 2, 14, 31, 39, 53, 59. Semper scribitur *gensericus*, semel *uandalus* (I, 35), nonnumquam *mpn* ut *condempnatione* III, 11. Reliqua in commentariis adnotaui.

Librorum *Pb* consensum haecce indicant (nam codicis *R* scripturas uitiosas praetereo): I, 16 *ymnorum*, II, 49 *ymni*, I, 26 *menbris* (sic *P* fere), I, 29 *prouintiae*, I, 48 *dyacono*, II, 16 *condempnauit*, II, 28 *dampnabili*, II, 46 *cyborum*, II, 99 *dampnat*, III, 4 *misteriorum*, III, 8, 9, 28 *poenitus*, III, 34 *dyaconus*. — Ex *P* notanda sunt *i* pro *y* in *martiris* I, 16, *martiria* I, 30, *ciprianus* II, 33, *abissum* II, 77, *y* pro *i* in *dyacones* II, 1, *epyfaniorum* II, 47, *archidyaconum* III, 35, *dyaconus* Pass. 7, *subdyaconus* ibid., *laycorum* III, 63; *mpn* in *sollempnitas* I, 16, 41, Pass. 11, *sollempnibus* II, 34, *dampnatio* III, 46, *h* omissum in *cartago* I, 44, 51, additum in *charthaginis* II, 3, *charthgenis* (sic!) II, 42, *ch* pro *h* in *nichil* I, 43; singularis error est *carthanis* pro *carthaginis* III, 39. — Ex *b*: *oe* pro *e* in *acoeto* III, 68, *i* pro *y* in *misterium* II, 28, 77, 100, *y* pro *i* in *archydiaconum* III, 35, *dyaconi* III, 34, *cybum* II, 46, *epyphaniorum* II, 47, *laycos* I, 14, *cybarioque* II, 16; *ll* pro *l* in *collumna* I, 47, *l* pro *ll* in *solempnibus* II, 34, *n* pro *m* in *nunquid* III, 62, *uu* pro *u* in *euuangelio* II, 59, 60, *euuangelista* II, 60, *h* omissum in *cartagine* III, 2.

Sunt etiam menda quaedam in utroque librorum genere obuia ut I, 6 *cenum* (*caenum WMs*), I, 11 *greci*, I, 18 et II, 52 *merore*, I, 26 *egrotorum*, I, 31 *secularium*, I, 42 *poene* pro *paene BVCWPb*, contra II, 1 *pene* mei praeter *Wb*, qui *poene* exhibent, I, 49 *coeuas* pro *coaeuas,* Pass. 5 *cementis*, I, 44 *condempnat* (sic etiam *B*, sed tantum hoc loco et III, 9 *condempnationis*), III, 11 *condempnatione VCW Ms a Pb*, III, 26 *contempnebat V C M s a P*, II, 82, III, 7, 64 *conditio*, II, 33 *ymnum*. In omnibus praeter *B* litterae *c* et *t* saepe confunduntur, ut legatur *eciam preciosus fidutia solatium sotiare* et similia.

In consonantibus assimulandis uel non assimulandis, ne res per se dubia et librariorum libidini obiecta omnino labaret, ut certissimum ducem secutus sum *B* siue consensum codicum *α* aut omnium aut meliorum (*B V C*). Nam etiam in hac parte orthographiae longe optimum esse Bambergensem scripturis libri primi, in quibus assimulatio non admittitur, ante oculos positis statim apparebit. (*O* = omnes libri).

I, 3 *inmunis B W M s a*
6 *inbutis B V C W a*
— *adpositis B a*
7 *inlustribus B V C W P*
— *inposuerint B V C*
9 *obpugnare B V C W M s P b*
11 *conprehendere B W*
15 *inpositam B V C W* P^1
20 *adferatur B V C*
— *adferri B*
— *adprehendens B s*
22 *conpleretur B V*
23 *adfligebantur β*

I, 28 *obprobrium O*
— *conputans B V C W*
32 *conpunctus B V C b*
33 *inplacabilis B V C W M s P b*
— *adfligeret β*
36 *inlicita B V C W M s*
38 *inluminatam B V C W M s P b*
41 *conpererunt B V C (W b)*
42 *adtriti α*
49 *inlecebrosa B V C W s P b*
— *conplectitur B V C*
50 *adtraheres O*

Cum igitur *B* solus uno loco, *α* septies litteram principalem integre seruauerit, familia *β* sola bis tantum assimulationem non admittit. Atque hic illic singuli quoque codices a ceteris omnibus discrepant: ueluti *a* I, 33 legit *subcumberent*, I, 47 *inmobilis* (sic etiam *M s*), II, 46 *conmunis*, Pass. 6 *conmutauerunt*, *M* III, 48 *inputabant*, *P* I, 27 *adtentus*, I, 38 *adtestatus*, *b* I, 22 *inmolandi*, II, 72 *inperitiam*, III, 3 *conpensari*, III, 50 *conputa* (ita etiam *W*), *W* I, 23 *inpleretur*, II, 40 *inminens* (consentiunt *P b*), II, 88 *inpleo*, III, 26 *subputare*. Haec in commentariis neglexi, codicum uero *β* consensum singulis quibusque locis adscripsi.

Uictoris operi adieci Passionem septem monachorum, quae sub eius nomine circumfertur, sed ab alio quodam composita est[1]), et Notitiam quae uocatur. Et haec quidem in solo cod. Laudunensi mendosissime tradita est; qua re nomina quotquot potui corrigere non dubitaui. Sed de hac re pluribus uerbis mihi exponendum esse uideo.

Primum ea nomina, quae et apud Uictorem et in Notitia occurrunt, in Uictoris libris plerumque recte, in *A* mendose scribuntur, ut conspectus infra positus docet.

Uictor			Notitia		
III,	26	*culusitana*	Proc.	33	*culsitanus*
I,	23	*teudalensem*	—	53	*eudalensis*
II,	101	*zattarensem*	Num.	50	*iacterensis*
II,	52	*laetum*	Byz.	14	*letus*
I,	23	*eustratium*	—	21	*enstrasius*
II,	101	*foratianense*	—	66	*fortianensis.*

Scripsi igitur *Culusitanus, Teudalensis*, *Iattarensis* (nam *i* pro *z* haud raro scribitur; cf. Corssen. I², p. 217 et 309, Schuch. I, p. 69), *Laetus, Eustratius*, *Foratianensis,* denique Proc. 20 *Uricitanus* coll. Uict. I, 10 (*urcitanus A*, *uracitanus* cod. Halleri deperditus). Alia menda plurima, quae latinitatem uulgarem sapiunt et de falsa litterarum pronuntiatione originem traxerunt, tacite correxi. Talia sunt *e* pro *ae* ut Maur. C. 49 *cecilius* (contra M. C. 91 recte *caecilius*), *mpn* pro *mn* ut M. C. 12 *columpnatensis*, *u* pro *b* ut Num. 19 *lamuiritanus,* M. C. 96 *uassinus*, M. S. 10 *lesuitanus*, Sard. 8 *euuso;* *b* pro *u* ut Num. 26 *nobabarbarensis*, Num. 28 *nobagermaniensis* et multa; cf. Num. 29, 31, 36, 45, 48, 73, 96, Byz. 10, 16, 18, 24, 38, M. C. 19, 41, 64, 73, 74, 93. De reliquis conferas commentarium criticum et Ruinarti 'Annotationes in Notitiam Africae'. Ruinartus quidem multa iam recte emendauerat aut ingeniose coniecerat, sed lectiones *A* quamuis uitiatas reuerentia quadam libri antiqui ductus plane mutare ausus non erat.

---

[1]) Cf. Die handschriftliche Ueberlieferung des Uictor von Uita p. 717—727.

Uictorem nuperrime edidit Carolus Halmius in libro, cuius titulus est: 'Victoris Vitensis historia persecutionis Africanae prouinciae sub Geiserico et Hunirico regibus Wandalorum (Monumenta Germaniae historica. Auctorum antiquissimorum tomi III pars prior). Berolini apud Weidmannos MDCCCLXXVIIII.' Hac editione me magnopere adiutum esse in uerbis auctoris restituendis ingenue fateor. Nam etsi quaedam minus recte scripsisse existimandus est uir doctissimus, ea mehercle minutiora sunt neque ita comparata, ut labori eius atque acumini laudem possint detrahere. Quis enim non interdum laberetur in edendo scriptore a ueterum norma et genere scribendi prorsus alieno, cuius sermo tam rudis est atque agrestis, ut bonae latinitatis uestigia supersint paene nulla, uerba saepe tam obscura, ut intellegi uix queant, librorum denique lectio tam diuersa, ut te 'in re critica tractanda certo duce, quem potissimum sequare, destitutum esse' et moleste feras et doleas. Mihi quidem Uictoris opus edituro id potissimum munus iniunctum esse uolui, ut a fide eorum librorum, quos optimos esse cognoueram, non recederem, nisi ubi apertis uitiis in eis deprehensis ad alterum codicum genus confugere necesse haberem; quae uero in uerborum contextu recte scripsisse aut intellexisse mihi uisus essem, in indice uerborum et locutionum, quem summo cum labore confeci, quam plenissime explicarem atque exemplis aliunde quaesitis approbarem.

Antequam praefationi finem impono, non possum non gratias agere academiae litterarum caesareae Uindobonensi, cuius liberalitate satis magna librorum manu scriptorum copia mihi uti licuit, deinde uiris eximiis, quorum doctrinae et humanitati permultum debeo, Carolo Schenkl et Guilelmo Hartel, tum Iacobo Wichner bibliothecario honestissimo, qui codicis Admontensis copiam mihi fecit, et Carolo Zetter collegae amicissimo, qui de sacrae scripturae locis uel de antiquitatibus Christianis iterum iterumque consultus operam mihi egregiam nauare non destitit.

Scribebam Graecii in Styria mense
Martio a. 1881.

Michael Petschenig.

INDEX NOTARVM.

B = cod. Bambergensis E. III. 4 saec. IX
V = cod. Uindobonensis 583 saec. X.
C = cod. Cremifanensis 36 saec. XII.
W = cod. Uindobonensis 408 saec. XI.
M = cod. Monacensis 2545 saec. XII.
s = cod. Admontensis 739 saec. XII.
a = cod. Abrincensis 162 saec. XII.
P = cod. Parisinus 2015 saec. X.
b = cod. Bernensis 48 saec. X.
F = fragm. Petropolitanum Q. I. 23 saec. IX.
L = lectiones cod. Berolinensis lat. quart. 1 saec. XII. } in Halmii
R = lectiones cod. Bruxellensis 1794 saec. X. } editione.
α = consensus librorum *BVCMsaL*.
φ = consensus librorum *VCMs*.
β = consensus librorum *PbR*.
v = lectio uulgata.

[PROLOGVS.]

[Quondam ueteres ob studium sapientiae enucleare atque 1
sciscitari assidue minime desistebant, quae forte uel qualia
prospere uel secus prouinciis, locis aut regionibus euenissent,
de quibus uel in quibus exacuerent stilum ingenii sui atque
redolentes magisterii flores ignaris historiae calathorum offerrent
gratuito munere propinatos, dabantque operam ut nequaquam
lateret in totum, quod in parte forte fuerat gestum. Sed illi 2
fastu mundialis amoris inflati gloriam elationis suae longe
lateque gestiebant laudabiliter diffamari. At uero uenerabilitas
studii tui historiam texere cupiens, inquiris simili quidem
feruore, dispari tamen amore; et illi ut laudarentur in saeculo,
ipse ut praeclarus appareas in futuro et dicas: in domino
laudabitur anima mea: audiant mansueti et laetentur. Poteris ut uoluisti, quia omne datum optimum
et omne donum perfectum caelitus accepisti, eruditus a

12 Ps. 33, 3. 14 Iac. 1, 17.

Incipit prologus *BVW* Incipit prologus uictoris episcopi patriae uitensi *C* Incipit prologus in historiam persecutionis africane prouincie *a* Incipit prologus sancti Victoris episcopi *s* Incipit historia persecutionis africae (africanae *b*) prouintiae (prouinciae *b*) temporum geiserici et honorici regis uuandalorum scribente ea (eam *b*) sancto uictore episcopo patriae uitensis (patriā vincnsis *sic b*, *in quo titulus a m. rec. additus est, cum prior euanuerit*) *β M hic inscriptione caret*

3 secus per *s* prouincias loca aut regiones *φ* 5 rendolentes *W* historiae *L* hystoriis *M* historiis *rell.* calathorum V^2 calatorum *Ws* galathorum V^1CM^2a galatharum M^1 galatorum *PR*: *in B haec uox euanuit* 6 gratuitu *B* debantque *P* 7 in toto *φL* forte *om. φPR* 8 fastum *B* 9 lateque *om. φ* 10 retexere *W* inquirit *Wv*: *cf. Indic. III 'part. absol.'* simili quidem] similitudinem *PR* 11 sed dispari *a* 14 potiris *PR*

tanto pontifice totoque laudis genere praedicando beato Diadoco,
cuius ut astra lucentia extant quam plurima catholici dogmatis
monumenta dictorum. Et sat est tibi ut aequiperes doctrinam
doctoris, quia satis est discipulo ut sit quomodo magister eius.
3 Alium uideo Timotheum ab incunabulis infantiae sacris
litteris eruditum, nec non inter alios sublimem atque expeditum
magisterii gentium Lucam, arte medicum, apostoli
4 Pauli discipulum. Ego namque iubentis imperio oboedientiae
ceruicem submittens, quae obuenerunt in partibus Africanis debaccantibus Arrianis, sensim breuiterque indicare temptabo, et quasi rusticanus operarius defatigatis ulnis aurum colligam de antris occultis, speciem uero adhuc sordentem atque confusam non cunctabor artifici iudicio ignis examinandam contradere, qui monetarios possit solidos picturare.]

5 cf. II Tim. 3, 15.

1 generis *P* diacono *MPR* 2 luculentia *W* docmatis *W* 3 monimenta *φa* uti *P* equipperes *M* 4 quia] qui *B* 5 Timotheum] timotheum scilicet in te *C*; *in Vs haec s. l. addita sunt* ab incunabilis *B* a cunabulis *a* 6 eruditum litteris *W* 7 magisterii *ego:* magistri *mss* 9 ceruice *B* africani *P* affricanis *φa* 10 debacantibus *P* debachantibus *φ* indicare temptabo] explicabo *a* temtabo *BW* 11 rusticus *PR* defatigans ulnas *PR* colligant *P* 13 artificis *WPR* igni *aPR* 14 monctarios *VC* picturare. Incipit historia (istoria *W*) persecutionis africanae prouinciae temporum geiserici (genserici *W*) et hunorici (hunerici *L*) regis (regum *L*) uuandalorum scribente sancto uictore episcopo patriae uitensi (uitensis *L*) *BWL* Explicit prologus. Incipit liber historie persecutionis africane prouincie tempore geiserici et hunerici regum uandalorum edite a sancto uictore episcopo patri uitensi *a* Incipit liber geiserici et hunirici regis uuandalorum scribente sancto uictore episcopo patriae uitensi *VC* Incipit liber ·I· africanae historiae (hyst. *s*) scribente sancto uictore episcopo patrie uitensi *Ms* Explicit prologus. Incipit historia *P*

LIBER PRIMUS.

(I, 1) Sexagensimus nunc, ut clarum est, agitur annus ex eo, 1
quo populus ille crudelis ac saeuus Uuandalicae gentis Africae
miserabilis attigit fines, transuadans facili transitu per angustias a. p. Ch. 427
maris, quod inter Hispaniam Africamque aequor hoc magnum
et spatiosum bissenis milibus angusto se limite coartauit.
Transiens igitur quantitas uniuersa calliditate Geiserici ducis, 2
ut famam suae terribilem faceret genti, ilico statuit omnem
multitudinem numerari, usque ad illam diem quem huic luci
uterus profuderat uentris. Qui reperti sunt, senes, iuuenes,
paruuli, serui uel domini, LXXX milia numerati. Quae opinio
diuulgata, usque in hodiernum a nescientibus armatorum tantus
numerus aestimatur, cum sit nunc exiguus et infirmus. Inue- 3
nientes igitur pacatam quietamque prouinciam, speciositatem
totius terrae florentis, quaquauersum impietatis agminibus impendebant, deuastando depopulabantur, incendio atque homicidiis totum exterminantes. Sed nec arbustis fructiferis omnino parcebant, ne forte quos antra montium aut praerupta terrarum uel seclusa quaeque occultauerant, post eorum transitum illis pabulis nutrirentur; et sic eadem atque iterum tali crudelitate

2 sexagesimus *mss praeter* B^1 3 quo *om.* *BVC* ex eo quod *W* ex quo Ms^1L 4 miserabiles *aPR* attingit P^1 angusti *W* 5 quod] qua *a* 7 uniuersitatis *φ* genserici *W* (*ubique*) geserici *a* 8 gentis *φ* 9 quem] *cf. Indic. III 'constructio ad sensum'* 10 profunderat W^1 11 uel *om.* *φ* oponio *P* 12 uulgata *φ* hodiernum diem *φ* ascendentibus armatorum transitus *P* 14 pacatum *P* 15 quaquauersuum $BV^1W^1P^1R$: *cf. Schuch. Vocalismus* II, 507; III, 309 impetebant W^2v: *sed cf. Indic. III s. v.* impendere 16 populebantur VCs^1 populabantur Ms^2a 18 atra *PR* praerumpta *VC* 19 seclausa *C* ullis *φ* 20 crudelitati *PR*

furentes, ab eorum contagione nullus remansit locus inmunis.
4 Praesertim in ecclesiis basilicisque sanctorum, cymiteriis uel
monasteriis sceleratius saeuiebant, ut maioribus incendiis domos
orationis magis quam urbes cunctaque oppida concremarent.
Ubi forte uenerabilis aulae clausas reppererant portas, certatim
ictibus dextralium aditum reserabant, ut recte tunc diceretur:
quasi in silua lignorum securibus consciderunt
ianuas eius in id ipsum, in securi et ascia deiece-
runt eam. incenderunt igni sanctuarium tuum; in
terra polluerunt tabernaculum nominis tui.

5 (I, 2) Quanti tunc ab eis praeclari pontifices et nobiles sacer-
dotes diuersis poenarum generibus extincti sunt, ut traderent
si quid auri uel argenti proprium uel ecclesiasticum haberent!
Et dum, quae erant, urguentibus poenis facilius ederentur,
iterum crudelibus tormentis oblatores urguebant, autumantes
quandam partem, non totum oblatum; et quanto plus dabatur,
6 tanto amplius quempiam habere credebant. Aliis palorum
uectibus ora reserantes fetidum caenum ob confessionem pe-
cuniae faucibus ingerebant, nonnullos in frontibus et tibiis
neruis remugientibus torquendo cruciabant; plerumque aquam
marinam, aliis acetum, amurcam liquamenque et alia multa
atque crudelia, tamquam utribus inbutis, ore adpositis sine
misericordia porrigebant. Non infirmior sexus, non consideratio
nobilitatis, non reuerentia sacerdotalis crudeles animos miti-
gabat; sed quin immo ibi exaggerabatur ira furoris, ubi
7 honorem conspexerant dignitatis. Quantis sacerdotibus quantis-
que inlustribus onera ingentia ut camelis uel aliis generibus

7 Ps. 73, 5—7.

2 cymeteriis *C* cimiteriis *MsL* 3 domus *PR* 7 conciderunt *W* exciderunt φ 8 asscia *PR* 9 ea *αW: recte?* 11 ab eis *om. Ms*[1] 14 quae erant] querunt φ pe(ę)nis ut facilius proderetur φ 16 totam *aPR* esse oblatum φ*L* esse oblatam *a* 17 alii *PR* palorum] i. e. cuspidibus *s. l. additum in* φ 18 fętidum *Ws* confusionem *aPR* 20 plerisque φ 22 atque] quae *P* 23 infirma *P* 25 exagerabatur *BW*[1] exaggerebatur φ 27 inlustribus uiris *W* honera *a*

iumentorum inposuerint, nequeo enarrare; quos stimulis ferreis ad ambulandum urguebant, quorum nonnulli sub fascibus miserabiliter animas emisere. Senilis maturitas atque ueneranda canities, quae caesariem capitis ut lanam candidam dealbarat, nullam sibi ab hospitibus misericordiam uindicabat. Sed etiam paruulos ab uberibus maternis rapiens barbarus furor insontem infantiam elidebat ad terram: aliis e regione pedes tenentes a meatu prorsus naturali usque ad arcem capitis dissipabant; quando tunc forte Sion captiua cantabat: dixit inimicus incendere fines meos, interficere infantes meos, et paruulos meos elisurum ad terram.

(I, 3) In aedificiis nonnullis magnarum aedium uel domorum, 8
ubi ministerium ignis minus ualuerit, tectis admodum despicatis pulcritudinem parietum solo aequabant, ut nunc antiqua illa speciositas ciuitatum nec quia fuerit prorsus appareat. Sed et urbes quam plurimae aut raris aut nullis habitatoribus incoluntur. Nam et hodie si qua supersunt, subinde desolantur, sicut ibi Carthagine odium, theatrum, aedem Memoriae et uiam,
quam Caelestis uocitabant, funditus deleuerunt. Et ut de 9
necessariis loquar, basilicam maiorem, ubi corpora sanctarum martyrum Perpetuae atque Felicitatis sepulta sunt, Celerinae uel Scilitanorum et alias quas non destruxerunt, suae religioni

4 cf. Esai. 1, 18. 9 IV Reg. 8, 12.

1 imposuerunt *PR* narrare *PR* 3 amisere *φ* 4 lana candida *Wa* 5 sibi *om. W* hostibus *a* ospitibus *PR* 6 ab maternis uberibus *φ* rapiens maternis *a* barbaricus *Ms* 7 elidabat *VC* aliis] *hic incipit b* alii pedibus paruulum tenentes *φ* 9 syon *φWa* canebat *φ* 10 incendere se *ab* 11 eliserunt *W* 13 minister *φ* ualuerat *Waβ* testis *P* 14 pulcritudinem] *sic* B^1C^1Ma solo] i. e. terrae *s. l. VCs* 15 qua *W* appareat] ignoratur *φ* 17 quae *φ* 18 sicuti *P* iui *b* in *aPR* odium *Halmius*: odiu *B* odii *W* odio *β*; *om. a* theatrum *Wa*: theathru *B* theatra *β* ibi cartagineo theatro *φ* idem *P* memoriae dignam *φ* 19 quae caelestis uocabatur *β* de nescessariis *V* decessariis *C* 20 maiorum *mss praeter WL* 21 sunt destruxerunt *φ* 22 sicilitanorum *φ* scillitanorum *Wβ* et *om. B W fort. recte* non *om. C* destruxerant *β*

licentia tyrannica mancipauerunt. Ubi uero munitiones aliquae
uidebantur, quas hostilitas barbarici furoris obpugnare nequiret,
congregatis in circuitu castrorum innumerabilibus turbis, gla-
diis feralibus cruciabant, ut putrefactis cadaueribus, quos adire
non poterant arcente murorum defensione, corporum liques-
10 centium enecarent fetore. Quanti et quam numerosi tunc ab
eis cruciati sunt sacerdotes, explicare quis poterit? Tunc enim
et nostrae ciuitatis uenerabilis Panpinianus antistes candentis
ferri lamminis toto adustus est corpore. Similiter et Mansuetus
Uricitanus in porta incensus est Fornitana. Qua tempestate
a. 430—431 Hipporegiorum obsessa est ciuitas, quam omni laude dignus
beatus Augustinus, librorum multorum confector, pontifex
11 gubernabat. Tunc illud eloquentiae, quod ubertim per omnes
campos ecclesiae decurrebat, ipso metu siccatum est flumen,
atque dulcedo suauitatis dulcius propinata in amaritudine ab-
sinthii uersa est, ut Dauiticum praeconium conueniret: dum
consisteret peccator aduersum me, obmutui et hu-
miliatus sum, et silui a bonis. Usque ad illud tempus
ducentos iam triginta et duo confecerat libros, exceptis innu-
merabilibus epistulis uel expositione totius psalterii et euan-
geliorum atque tractatibus popularibus, quas Graeci omelias
uocant, quorum numerum conprehendere satis inpossibile est.
12 (I, 4) Quid multa? Post has truces impietates insaniae ipsam

16 Ps. 38, 2—3.

1 munitores *P* 2 quos *C* 3 turmis (uel bis) *W* 5 liquentium enecarent fetore corporum *φ*: *in V* corporum *m. 2 s. l. addit.* 6 necarentur *a* faetore *WMs* foetore *β* 7 etenim *a* 8 panpinianus *B*; *cf.* III, 55 panpineis *et Schuchardt.* I, 108; III, 58: panpianus *W* pampinianus *φaLb²* pampinias *Pb¹R* 9 laminis *VCW¹ Ma* totus *Pb¹R* 10 uircitanus (ri) *W* iuricitanus *Pb¹R* 11 ipporegiorum *W* ippos (yppos *Ms*) regiorum *Bφ* yppos regio//////m *P* ypporegium *ab* ciuitas obsessa est *φ* 12 agustinus *BV* (*Schuch.* II, 311) 14 metu: *num* meatu? 15 amaritudinem *mss praeter BP; cf. Indic.* III 'in *cum abl. pro* in *cum acc.*' 17 omutui *W* 19 duos *mss praeter B* 20 epistolis *VCWaPb* psalterii totius *φa* 21 populariis *B* (*ex* popularius) *φ W fort. recte* quos *CM et b s. l.* quod *β* homelias *β* 23 impietatis *BWaβ* insanias *Waβ*

urbem maximam Carthaginem Geisericus tenuit et intrauit, et *a. 439 mense Octobri*
antiquam illam ingenuam ac nobilem libertatem in seruitutem
redegit; nam et senatorum urbis non paruam multitudinem
captiuauit. Deinde proponit decretum, ut unusquisque auri,
argenti, gemmarum uestimentorumque pretiosorum quodcumque
haberet offerret; et ita in breui auitas atque paternas opes
tali industria abstulit rapax. Disponens quoque singulas quas- 13
que prouincias sibi Bizacenam, Abaritanam atque Getuliam *a. 442 (Papenc. p. 179)*
et partem Numidiae reseruauit, exercitui uero Zeugitanam uel
proconsularem funiculo hereditatis diuisit, Ualentiniano adhuc
imperatore reliquas licet iam exterminatas prouincias defendente;
post cuius mortem totius Africae ambitum obtinuit,
nec non et insulas maximas Sardiniam, Siciliam, Corsicam,
Ebusum, Maioricam, Minoricam uel alias multas superbia sibi
consueta defendit. Quarum unam illarum id est Siciliam Odu- 14
acro Italiae regi postmodum tributario iure concessit; ex qua *a. 476*
eis Oduacar singulis quibusque temporibus ut dominis tributa
dependit, aliquam tamen sibi reseruantibus partem. Praeterea
praecipere nequaquam cunctatus est Uuandalis, ut episcopos
atque laicos nobiles de suis ecclesiis uel sedibus nudos penitus
aufugarent: quodsi optione proposita exire tardarent, serui perpetui
remanerent. Quod etiam in plurimis factum est. Multos

1 inarauit *Pb*¹ 3 redigit *B* 4 propoposuit *VC*¹ proposuit *C*²*Ms* auri et *φ* 6 brebi *B* abitas *Bb*¹ habitas *φWPR* 7 industria] i. e. calliditate *sic VCs s. l.* 8 uizacenam *BφWL* bizancenam *a* biacenam *Pb*¹*R* abaritanam *om. W* getulam *P* 9 exercitu *P* zeuitanam *W* eugitanam *Pb*¹*R* 10 heriditatis *V* diuisit] dissipauit (·l· diuisit) *sic VCs* 11 iam *om. M* exterminata *B*, s *s. l. addita* defendentem *BVCPR* 12 optinuit *WMaPR* 14 ebuso *αWb*² efesum *PR* maiorica *BφW* minorica *BVCWs* minoria *M*: *fort. scrib.* Corsicam cum Ebuso, Maiorica, Minorica alia *W* 15 illarum *om. W* oduacro *BVb*¹ aduacro *C* odouacro *MsL* odoacro *Wab*² obduacro *PR* 16 iure tributario *a* 17 eis] ei *aβ* oduacar *B* adouacar *VC* odouacar *Ms* oduacer *Pb*¹*R* odouacer *L* odoacer *Wab*² domino *aβ* 18 rependit *φ* seruantibus *φ* reseruans *a* 20 sedibus uel (et *a*) ecclesiis *φa* 21 effugarent *W* quodsi . . . remanerent *om. Pb*¹*R* obtione *bL* preposita *VC*

enim episcopos et laicos, claros atque honoratos uiros, seruos
esse nouimus Uuandalorum.

15 (I, 5) Tunc uero memoratae urbis episcopum id est Cartha-
ginis, deo et hominibus manifestum, nomine Quoduultdeus,
et maximam turbam clericorum nauibus fractis inpositam
nudos atque expoliatos expelli praecepit. Quos dominus misera-
tione bonitatis suae prospera nauigatione Neapolim Campaniae
perducere dignatus est ciuitatem. Senatorum atque honoratorum
multitudinem primo exilio crudeli contriuit, postea trans-
marina in parte proiecit. Pulso namque episcopo, ut praefati
sumus, cum clero uenerabili, ilico ecclesiam nomine Restitutam,
in qua semper episcopi commanebant, suae religioni mancipa-
uit, atque uniuersas, quae intra muros fuerant ciuitatis, cum
16 suis diuitiis abstulit. Sed etiam foris muro quascumque uoluit
occupauit, et praecipue duas egregias et amplas sancti martyris
Cypriani, unam ubi sanguinem fudit, aliam ubi eius sepultum
est corpus, qui locus Mappalia uocitatur. Quis uero sustineat
atque possit sine lacrimis recordari, dum praeciperet nostrorum
corpora defunctorum sine sollemnitate hymnorum cum silentio
ad sepulturam perduci? Addidit adhuc, ut et pars clericorum
17 quae remanserat poenali exilio truderetur. Et dum ista geruntur,
qui supererant magni sacerdotes atque insignes uiri memora-
tarum prouinciarum, quas diuiserat Uuandalis, cogitauerunt
supplicandi gratia regem adire. Qui dum, ut moris est, ad
Maxulitanum litus exisset, quod Ligula uulgi consuetudine
uocitatur, amissis iam ecclesiis et rebus occurrere uisi sunt
supplicantes, ut ad consolandum populum dei saltem habitandi

1 epischopos *V* cleros *W* 2 nouimus esse *φa* 4 quod-uuldeum *W* 6 deus *β* 9 primũ *W* in transmarinam partem *φ* transmarinā in partẽ *W* 11 ecclesia *B* restituta *CL* 13 ciuitatis fuerant *φ* 14 foris muro *B* (I, 40; III, 15, 16): f. muros *Wβ* f. murum *a* quae f. (foras *L*) muro (muros *MsL*) erant *φL* 17 uocitatur] dicitur *β* qui *P* 18 recordare *P*¹*R* 20 ad sepulturę *B* sepulturae *β* addit *a* et *om.* *P* 21 traderetur *β* geruntur] fierent *β* 22 memoratorum *B* 24 ut *om.* *BVCs*¹*aPR* 25 maxilitanum *Waβ* exissent *W* exissent et *β* 26 occurre *P* iussi *C* 27 saltim *BVCWsL* salutem *b*

facultas Uuandalis iam dominantibus concederetur. Quibus ille 18
per internuntium rabido respondisse ore probatur: ʻdecreui ego de nomine et genere uestro nullum dimittere, et uos audetis talia postulare?ʼ Quos etiam uicino mari uoluit eadem hora demergere, nisi a suis diu ne hoc faceret rogaretur. Recedentes illi tristitia et maerore confecti, coeperunt qualiter poterant et ubi poterant ablatis ecclesiis diuina mysteria celebrare. Subinde autem crescente opibus regno maior coepit et superbia propagari.

(I, 6) Referam factum, quod ipso gestum est tempore. Fuit 19
comes quidam Sebastianus, famosi illius gener comitis Boni- circa a. 440
fatii, acer consilio et strenuus in bello; cuius Geisericus sicut consilia necessaria habebat, ita et praesentiam formidabat. Cupiens autem illum extinguere, occasionem mortis de religione quaesiuit. Cogitauit rex ut praesentibus episcopis atque domesticis suis Sebastianum taliter conueniret. ʻSebastianeʼ, inquit, ʻscio quia fideliter nobis adhaesisse iurasti, cuius ueritatem sacramenti labores tui uigilantiaque demonstrant. Sed ut nobis conexa semper iugisque maneat amicitia tua, hoc placuit praesentibus sacerdotibus nostris, ut eius efficiaris cultor religionis,
quam et nos et noster populus ueneratur.ʼ Cui Sebastianus, 20
rem inueniens miram multisque necessariam, pro tempore acute respondit: ʻquaeso, domine rex, ut nunc unus panis mundissimus ac simulacius adferaturʼ. Qui cum ignorasset Geisericus Sebastiani uictoriam, ilico iussit adferri. Adprehendens itaque Sebastianus mundissimum panem ita effatus est: ʻHic enim

1 quibus . . . probatur] quibus dixit rex Pb^1R 2 comprobatur *a* ergo VC^1Wb^1 ego ////// ex genere *P* 5 recedentes igitur illi *a* 7 ministeria *a* 8 crescentibus *M* et *om. a* superba *P* 10 referam autem *a* fructum *P* 11 bonefatii *a* bonifacii *CMsLβ* 13 et] eius *Halmius* 16 inquid *BVC* 17 adhesise *B* adhessise W^1 19 connexa *a* tua *in B s. l. addit.* 20 eius] similis *a* cultor W^2s^2b: cultui W^1 cultu *rell. at cf. Cod. Theod.* XVI, 5, 6 catholicae religionis uerus cultor; *Pauli Hist.* XVI, 7 rectae fidei cultor 21 uester *W* populus] prosper *W* prae- (pre- *R*) positus *PR* propositus *b* 23 unus *om. a* 24 atque *Pb* simulacius *Bb ante rasuram:* similacius B^2WPb^2 similatius *φL* 26 sebastianus *post* panem *habet P* affatus *WbR* affectus *P*

panis ut ad tantum decorem splendoris uenisset et mensae
regiae necessarius haberetur, discussa spurcitia furfuris ex
massa simulaginis conspersus per aquam transiuit et
21 ignem; idcirco et aspectu clarus et esu suauis habetur. Ita
et ego mola catholicae matris commolitus et cribro examinationis ut simula munda purgatus, rigatus sum aqua baptismatis et igne sancti spiritus coctus. Et ut hic panis de furno, ita et ego per officia sacramentorum diuinorum artifice deo de fonte mundus ascendi. Sed fiat, si uelis, ut ipse propono. Iste panis confringatur in frusta, madidetur aqua et iterum conspergatur, mittatur in furnum: si melior exierit, faciam quae hortaris.' Quam propositionem Geisericus cum omnibus qui aderant cum audisset, ita ligatus est, ut se soluere omnino non posset. Quem alius generis argumento postea bellicosum uirum occidit.

22 (I, 7) Et ut ad id redeamus, unde digressi sumus, terret praeceptis feralibus, ut in medio Uuandalorum nostri nullatenus respirarent neque usquam orandi aut immolandi concederetur gementibus locus, ut manifeste tunc prophetiae uaticinium conpleretur: non est in hoc tempore princeps aut propheta uel dux, neque locus ad sacrificandum nomini tuo. Nam et diuersae calumniae non deerant cotidie etiam illis sacerdotibus, qui in his regionibus uersabantur, quae regiones palatio tributa pendebant. Ut si forsitan quispiam, ut moris est, dum dei populum ammoneret, Pharaonem,

3 Ps. 65, 12. 20 Dan. 3, 38.

1 spledoris *P* ueniret *β* 2 spurcitia *scripsi:* spuria *mss et uulgo* 3 simulaginis] *sic BVL* conpersus *W* conspers *P* 5 mala *W* crebro *P* 6 simula] *sic BVCL* 7 forno *β* 9 ut] quod *β* 10 frustra *BVa* medidetur *C* conspargatur *β* 11 et mittatur *b* fornum *β* faciamque B^1 faciam quod *a* 13 se *om. W* 14 quemquem *P* alius *Lorichius:* alio *mss* genere argumenti Ms^2 postea *om. P* 18 neque] ne *W* nec *a* 19 locus gementibus *a* uaticium *P* 20 princeps *om. P* 24 religiones BV^1Cs ut si *BφaW* (ut = uelut, exempli gratia): et si *β* 25 populum dei *a* ammoneret] *sic Bφa* (II, 28, 32, 35, 41; III, 5) pharahonem *b*

Nabuchodonosor, Holofernem aut aliquem similem nominasset,
obiciebatur illi, quod in persona regis ista dixisset, et statim
exilio trudebatur. Hoc enim persecutionis genus agebatur hic
aperte, alibi occulte, ut piorum nomen talibus insidiis interiret.
Qua de re plurimos sacerdotum tunc nouimus relegatos: sicut 23
Urbanum Girbensem, Crescentem metropolitanum Aquitanae
ciuitatis, qui CXX praeerat episcopis, Habetdeum Teudalensem,
Eustratium Sufetanum, et Tripolitanos duos Uicis Sabratenum
et Cresconium Oeensem, et Adrumetinae ciuitatis Felicem
episcopum, ob hoc quod suscepisset quendam Iohannem monachum transmarinum; sed et alios multos, quos longum est
enarrare. Quibus tamen in exilio positis dum obitus obuenisset,
non licebat alios eorum ciuitatibus ordinari. Inter haec tamen
dei populus in fide consistens, ut examina apum cereas aedificans mansiones, crescendo melleis fidei calculis firmabatur,
ut impleretur illa sententia: q u a n t o e o s a f f l i g e b a n t, t a n t o m a g i s m u l t i p l i c a b a n t u r e t i n u a l e s c e b a n t n i m i s.

(I, 8) Post haec factum est supplicante Ualentiniano Au- 24
gusto, Carthaginiensi ecclesiae post longum silentium desolationis episcopum ordinari nomine Deogratias; cuius si nitatur a. 454
quisquam quae per illum dominus fecerit paulatim excurrere,
ante incipient uerba deficere, quam ille aliquid ualeat explicare.

16 Exod. 1, 12.

1 nabo^{h}codonosor *P* nabucodonosor *a* olofernem *β* 2 personam *Lv* dixisset *om. C* 3 enim *om. a* genus] tempore genus $Pb^{1}R$ agebatu *B in fin. uers.* 5 religatos $WP^{2}b$ 7 XX *C* abetdeum *BVCWsa* theudalensem *Ms* teaudalensem *b* 8 eustracium *sa* tripoletanos *M* sabrathenum *Ms* 9 eensem *BVs* eęnsem *C* censem$^{\text{uel meensem}}$ *W* censem *ML* meensem $Pb^{1}R$ uticensem ab^{2} adrametine *a* adrumentine *β* 10 hoc *om. a* quandam *b* 11 et *om. W* 12 uenisset *φ* 13 alios *om.* $Pb^{1}R$ 14 populos P^{1} examen *Lv* 15 milleis *b* caliculis *Wβ* (calculis = lapidibus *uel* caementis; *cf.* II, 10 fidei infringere non ualuit murum) 16 impler·tu· *B* (*duae litt. euan.*) eos affligebant] magis eos affl. *W* magis adfligebantur *β* 20 cartha(carta-)ginensi $WC^{2}a^{1}L\beta$

Illo igitur episcopo constituto factum est peccatis urguentibus,
ut urbem illam quondam nobilissimam atque famosam quinto
a. 455 mense Iunio decimo regni sui anno Geisericus caperet Romam; et simul
exinde regum multorum diuitias cum populis captiuauit.
25 Quae dum multitudo captiuitatis Africanum attingeret litus,
diuidentes Uuandali et Mauri ingentem populi quantitatem,
ut moris est barbaris, mariti ab uxoribus, liberi a parentibus
separabantur. Statim sategit uir deo plenus et carus uniuersa
uasa ministerii aurea uel argentea distrahere et libertatem de
seruitute barbarica liberare, ut et coniugia foederata manerent
et pignera genitoribus redderentur. Et quia loca nulla suffi-
ciebant ad capessendam multitudinem tantam, basilicas duas
nominatas et amplas Fausti et Nouarum cum lectulis atque
straminibus deputauit, decernens per singulos dies, quantum
26 quis pro merito acciperet. Et quia plerosque insuetudo nauigii
et crudelitas captiuitatis afflixerat, non paruus inter eos nu-
merus fuerat aegrotorum, quos ille beatus antistes ut nutrix
pia per momenta singula cum medicis circuibat sequentibus
cibis, ut inspecta uena, quid cui opus esset, illo praesente
daretur. Sed nec nocturnis horis ab hoc opere misericordiae
feriabatur, sed pergebat excurrens per singulos lectus, sciscitans
qualiter quisquam haberet. Ita se tradiderat omnino labori, ut
27 nec defessis membris nec cariosae iam senectuti parceret. Quo
liuore Arriani succensi dolis eum quam plurimis uoluerunt
saepius enecare. Quod credo peruidens dominus cito passe-
rem suum de manibus accipitrum uoluit liberare. Cuius

25 cf. Ps. 123, 7.

2 ut *om.* *BVCMs¹a* condam *W¹* ut quinto *a* 5 captiuitatis *om.* *a* 6 diuidentibus uuandalis et mauris *Lβ* 7 et liberi *aβ* apparentibus *b* 9 ministerii uasa *β* 10 et ut *αW fort. recte; cf. Fulgent. Myth.* I, 1 *Muncker.* permanerent *a* 11 pignora *a* 12 capescendam *φb¹* 14 quanto *BVCWs¹a* 18 cum medicis] uice (uia *b*) medici *Pb¹R* 21 feriebatur *BV¹CW¹L¹* ferebatur *V²Ms* pergebat excurrens] currebat *a* lectus] *sic BVPR* lecto *W* 22 se] se huic *β* omni *W* 23 canosae *Ms* 24 libore *B* quam plurimis eum *φ* 25 necare *a* crebro *W* praeuidens *mss praeter Bb²* pascerem *W¹* paserem *b¹* 26 ancipitrum *a*

exitum ita urbici captiui planxerunt, ut tunc se putarent magis tradi manibus barbarorum, quando ille perrexit ad caelum. Functus est autem sacerdotio annis tribus. Cuius amore et desiderio populus attentus potuerat membra digni corporis rapere, nisi consilio prudenti, dum auocatur, nesciente multitudine sepeliretur.

(I, 9) Et quia tacendum semper non est de impietatibus 28
hereticorum, nec uerecundum poterit esse quod ad laudem proficit patientis, ordinator quondam memorati sacerdotis nomine Thoma dum uariis ab eis insidiis saepius artaretur, quodam tempore uenerabilem senem in publica facie catomos ceciderunt. Quod ille non ad obprobrium, sed ad mercedem conputans gloriae suae, in domino laetabatur. Unde factum est, 29
ut post obitum episcopi Carthaginis Zeugitanae et proconsulari prouinciae episcopos interdiceret ordinandos; quorum erat numerus centum sexaginta quattuor. Qui paulatim deficiens, nunc, si uel ipsi supersunt, tres tantum esse uidentur: Uincentius Gigitanus, Paulus Sinnaritanus, uere merito et nomine Paulus, et alius Quintianus, qui nunc persecutionem fugiens apud Edessam Macedoniae ciuitatem commanet peregrinus.

(I, 10) Sed etiam martyria quam plurima esse probantur, 30
confessorum autem ingens et plurima multitudo; ex quibus aliqua narrare temptabo. Erant tunc serui cuiusdam Uuandali — fuit hic Uuandalus de illis quos millenarios uocant — Martinianus, Saturianus et eorum duo germani. Erat et conserua

1 mais W^1 2 barbarum *VC* 3 est *om. PR* 5 euocatur *W* dum more uacatur *aβ* 7 non est semper *φ* 9 ordinator $W^2s^2Lb^2$ ordinatur $BVCW^1Pb^1R$ ordinatus Ms^1 memorati *om. PR* sacerdotii *W* sacerdotio *PR* 10 thomas *WPR* tomas *b* 11 quondam BV^1 catamis *C* catomis *WMsLb* 12 obproprium *BVCPR* obrobrium *W* 14 ut *om. PR* carthaginis episcopi *β* eugitanae Pb^1R proconsolari *V* 15 intercederet *φ* 16 deficientes s^2Lb^2 17 uicentius *C* 18 sitinaritanus *PR* 20 edissam *MsL* adessam *PR* machedoniae *BVCWL* macedonia *P* 21 sed] sed et *a* etiam] etiam tunc $Ws^2a\beta$ 23 aliquos Pb^1R 24 fuit] fuit autem *β* marturianus *BVWa PR* (*in V supra script. a m. 1* uel martinianus)

eorum quaedam, egregia Christi ancilla, nomine Maxima, corpore simul et corde decora. Et quia Martinianus armifactor erat et domino suo satis uidebatur acceptus et Maxima uniuersae domui dominabatur, credidit Uuandalus, ut fideles sibi magis memoratos faceret famulos, Martinianum Maximamque
31 coniugali consortio sociare. Martinianus adulescentulorum saecularium more coniugium affectabat, Maxima namque iam deo sacrata humanas nuptias refutabat. At ubi uentum est, ut cubiculi adirentur secreta silentia, et Martinianus, nesciens quid de illo decreuerat deus, maritali fiducia quasi cum coniuge cuperet cubitare, uiua ei uoce memorata famula Christi respondit: 'Christo ego, o Martiniane frater, membra mei corporis dedicaui, nec possum humanum sortire coniugium, habens iam caelestem et uerum sponsum. Sed dabo consilium: si uelis, poteris et ipse tibi praestare, cum licet, ut cui ego concupiui
32 nubere, delecteris et ipse seruire'. Ita factum est domino procurante, ut oboediens uirgini etiam adulescens suam animam lucraretur. Nesciente igitur Uuandalo spiritalis secreti commercium, conpunctus atque mutatus Martinianus etiam suis fratribus persuasit, ut thesaurum, quod inuenerat, haberent utpote germani communem. Conuersus itaque cum tribus fratribus suis, dei quoque puella comitante, nocte clam egredientes Tabraceno monasterio, cui praeerat tunc nobilis pastor Andreas, sociantur. Illa uero haut procul monasterium incoluit puel-
33 larum. Sciscitante igitur barbaro inquisitionibus et muneribus crebris, quod gestum erat celari non potuit. Inueniens itaque iam non sua sed Christi mancipia, conicit uinculis et uariis

1 quaedam conserua eorum *β* corpori *W* 2 marturianus *W* armisfactor *b* armificator *φ* 3 acceptus uidebatur *a* acceptus ... dominabatur *om. W* 5 famulos si...sociaret *Ws²ab* marturianum *W* 6 sociat *Ms¹* adulescentularum *BφL* 7 Maxima namque] maximaque *Pb¹R* maxima uero *M* 8 ad *BV* (III, 47) 10 cū iuge *B*, con *s. l. addit. a m. 2 ut uid.* 11 nubitare *Pb¹R* 12 ergo *V¹C* 13 sortiri *Ws²aLβ* 15 dum *a* 18 commertio *PR* conmertia *b* 20 quod] quem *WC²Ms²aL* haberent *post* communem *habet a* 21 fratribus tribus *W* 22 noctē *W* tabracęno *VC* 24 haut] *sic BVMsa* 27 uiculis *W* uanis *a*

tormentis dei famulos insectatur, agens cum eis non tantum
ut pariter miscerentur, sed quod grauius est, per rebaptiza-
tionis caenum fidei suae ornamenta turparent. Peruenit hoc
ipsum usque ad notitiam Geiserici: decernit rex, ut tamdiu
inplacabilis ferus seruos affligeret, quamdiu illius succumberent
uoluntati. Iubet in modum serrarum fustes robustos ueluti
palmatos cum stirpibus fieri, qui quatientibus tergis non solum
ossa confringerent, sed etiam terebrantes aculei intrinsecus
remanerent. Qui, dum sanguis efflueret et dissipatis carnibus 34
uiscera nudarentur, sequenti die Christo medente semper in-
colomes reddebantur. Hoc saepius ac multo factum est tempore
et nulla plagarum uestigia uidebantur, sancto spiritu subinde
curante. Post hoc artatur Maxima durae custodiae cuspidique
crudeli extenditur: cui cum dei seruorum uisitantium non
deesset frequentia, uidentibus cunctis ingentium lignorum
putrescens soluta est fortitudo. Miraculum hoc et uoce omnium
celebratur, et nobis, ad quem custodia pertinebat, cum sacra-
mento testatus est ita fuisse.

(I, 11) At ubi Uuandalus uirtutem neglexit cognoscere diui- 35
nam, coepit in domo eius uindictrix ira grassari. Moritur ipse simul et filii; familiae atque animalium quaecumque optima erant pariter intereunt, remansitque domina uidua, marito, filiis et substantia destituta. Seruos Christi cognato regis Sesaoni gratia muneris offert; qui cum eos utpote oblatos cum gratulatione nimia suscepisset, filios uel domesticos sanctorum

1 insectatus VC^2Ms^1 insectatos C^1 3 cenum *B* coeno b^1 coenum b^2: pro r. caeno *PR* 4 decernit rex] regis qui praecepit *β* 5 erus W^1 herus W^2s^2v: *in V addit. s. l.* scilicet homo heros C^2 inpl. et homo ferus *M* seruos] serus V^1C^1 eos C^2 seruo W^1 seruos dei b^2 adfligeret *β* 6 ferarum M^1a 9 et *om. WPR* 10 incolomes] *sic BWMsL* (II, 11) 12 spiritu sancto *MP* 13 artantur *PR* dure $BVCP^2$ ducere *W* dura *ab* custodia *aPb* turpidinique *W* 14 extenduntur *PR* cui $WMab^2L$: qui BV^1Pb^1R quae V^2C 17 nobis ille ab^2 20 uindictrix *B VCM recte*: uindicans *s corr.* uindicatrix *rell.* crassari *Wβ* 22 remansit *a* remanens itaque *β* 23 atque seruos *a* sersaoni *Wβ* 25 demosticos *VC* domesticos eius $Ws^2a\beta$ sanctorum *om. a*

merito male coepit daemon uariis motibus agitare. Ex ordine
ille cognatus, ut gestum erat, suggerit regi. Decernit statim
rex cuidam gentili regi Maurorum, cui nomen inerat Capsur,
relegandos debere transmitti. Maximam uero Christi famulam
confusus et uictus propriae uoluntati dimisit; quae nunc superest
uirgo, mater multarum uirginum dei, nobis etiam nequaquam
ignota. Peruenientes autem traduntur memorato regi Maurorum,
36 commanenti in parte heremi, quae dicitur Caprapicti. Uidentes
igitur Christi discipuli multa apud gentiles et inlicita sacrificiorum sacrilegia, coeperunt praedicatione et conuersatione sua
ad cognitionem domini dei nostri barbaros inuitare; et tali
modo ingentem multitudinem gentilium barbarorum Christo
domino lucrauerunt, ubi ante a nullo fama Christiani nominis
fuerat diuulgata. Tunc deinde cogitatur quid fieret, ut ager
iam cultus et egraminatus uomere praedicationis euangelicum
37 susciperet semen et imbre sacri baptismatis rigaretur. Mittunt
legatos per itinera distenta deserti; peruenitur tandem ad
ciuitatem Romanam, rogatur episcopus, ut presbyterum et
ministros credenti populo destinaret. Explet cum gaudio quod
petebatur pontifex dei: construitur ecclesia, baptizatur multitudo
maxima barbarorum, et de lupis grex fecundus multiplicatur
agnorum. Hoc Geiserico relatione sua nuntiat Capsur. De qua
re surgens in inuidia iubet famulos dei ligatis pedibus post
terga currentium quadrigarum inter spinosa loca siluarum

1 montibus *VC*^{1} Ex] quod ex *ab*^{2} 3 regi *post* gentili *deest in Pb* erat *a* capsum *PR* 4 religandos *WPb*^{1}*R* deberet *Pb* maximinam *P*^{1} maxima...famula *B* uero] namque *β* 5 propria uoluntate *β* 6 uirgo *om. Pb*^{1} 8 commanente *P*^{1}*R* caprapicta *β* 9 multam *BV*^{1} et *om. Pb*^{1}*R* 11 inuitare barbaros *a* 12 barbarorum *om. M* 13 antea nulla *ML* antea a nullo *WaPb*^{1}*R* 14 deuulgata *W* 18 et] ac *a* 19 distinaret *BVC* explet cum *s*^{2}*Lb*^{1}: expletum *BVCs*^{1}*PR* expletur *W* expletum est cum *ab*^{2} expleuitque *M* gaudiũ *P* 20 pontifex] ordinatur pontifex *ab*^{2} *uulgo post* pontifex *interpungitur; sed cf.* III, 54 *et Indic.* III 'dei' constituitur *W* baptizatur simul *aβ* bapt. multitudo simul *W* 22 renuntiat *aβ* capsu *BV*^{1} capſõ *P* capso *R* 23 in inuidia *ab*^{2}: inuidia *rell.* posterga *WCMP* 24 curretium *W*

pariter interire, ut ducta atque reducta dumosis lignorum
aculeis innocentium corpora carperentur, ita delegans, ut exitum
suum inuicem peruiderent. Qui cum e uicino currentibus indo- 38
mitis equis, plangentibus Mauris sese mutuo conspicerent, uale
sibi in angusto fugae unusquisque ita dicebant: ʻfrater, ora
pro me; impleuit deus desiderium nostrum: taliter peruenitur
ad regnum caelorumʼ. Itaque orando atque psallendo gaudentibus angelis pias animas emisere: ubi usque in hodiernum non desinit ingentia mirabilia Iesus Christus noster dominus operari. Nam nobis beatus quondam Faustus Buronitanus episcopus attestatus est caecam quandam mulierem inluminatam fuisse, ubi ipse aderat praesens.

(I, 12) Accenditur hinc aduersus dei ecclesiam Geisericus. 39
Mittit Proculum quendam in prouinciam Zeugitanam, qui coartaret ad tradendum ministeria diuina uel libros cunctos domini sacerdotes, ut primo armis nudaret et ita facilius inermes hostis callidus captiuasset. Qui, se non posse tradere clamantibus, ipsi rapaci manu cuncta depopulabantur atque de palliis altaris, pro nefas! camisias sibi et femoralia faciebant. Qui tamen Proculus, huius rei exsecutor, frustatim sibi comedens
linguam in breui turpissima consumptus est morte. Tunc enim 40
sanctus Ualerianus Abensae ciuitatis episcopus, dum uiriliter sacramenta diuina ne traderet dimicasset, foris ciuitate singularis iussus est pelli; et ita praeceptum est, ut nullus eum

2 ita . . . peruiderent *om. a* disligans *PR* 3 praeuiderent *Lβ* e uicino] uicino Pb^1R indomitis equis plangentibus *om. BφL* ind. equis maurisque plangentibus Ws^2 5 fugae] furore *β* ^uel furore^ fugae *W* dicebat *Wβ* 8 hodiernum diem *φWaL* 9 no *W* christus iesus *a* inter dominus *b* dominus noster *WMs aLP* 10 faustinus burtinitanus *β* 11 quadam BV^2C quedam V^1 13 hinc *scripsi* (II, 11): hęc *B* propter haec (propter *in V s. l. addit.*) *φL* inter haec *a* post haec *Wβ* 16 inhermes *BVaβ* 17 captiuaret *W ex* captiuaſet Qui se non] quibus se non s^2aL quis enim *β* posset *VCβ* clamantibus] clamantibus sacerdotibus *Wβ* 18 ipsa *β* 19 femoria V^1 femoralias *b* 20 rei *om. M* regi W^1 frustratim BV^1 22 abense *Bφa* habense (-ae) *Wβ* 23 foras *WL* ciuitatem *mss praeter B*

neque in domo neque in agro dimitteret habitare. Qui in strata publica multo tempore nudo iacuit sub aëre: annorum erat plus LXXX, quem nos tunc indigni in tali exilio meruimus salutare.

41 (I, 13) Quodam tempore paschalis sollemnitas agebatur; et
dum in quodam loco, quae Regia uocitatur, ob diem paschalis
honoris nostri sibimet clausam ecclesiam reserarent, con-
pererunt Arriani. Statim quidam presbyter eorum, Anduit
nomine, congregata secum armatorum manu ad expugnandam
turbam accenditur innocentum. Introeunt euaginatis spatis,
arma corripiunt; alii quoque tecta conscendunt et per fenestras
ecclesiae sagittas spargunt. Et tunc forte audiente et canente
populo dei lector unus pulpito sistens alleluiaticum melos
canebat; quo tempore sagitta in gutture iaculatus cadente de
42 manibus codice mortuus post cecidit ipse. Nam et alii quam
plurimi sagittis et iaculis in medio crepidinis altaris probantur
occisi; nam qui gladiis tunc interempti non sunt, postea poenis
adtriti regio iussu omnes paene necati sunt, praesertim matu-
rioris aetatis. Alibi namque, sicut Tunuzuda contigit, Galibus,
Uicu Ammoniae uel aliis in locis, tempore quo sacramenta
dei populo porrigebantur, introeuntes maximo cum furore corpus
Christi et sanguinem pauimentis sparserunt et illud pollutis
pedibus calcauerunt.

43 (I, 14) Ipso enim Geisericus praeceperat tempore suadentibus episcopis suis, ut intra aulam suam filiorumque suorum non-

2 nudus *β* 3 LXX *a* in *om. β* 5 quondam *L* paschali *BVC* pascalis *MP* 6 quae] qui *V^{2}CMsaL* diei *b* 7 honorem *β* conpererunt] ut compererunt *Ma* conpereunt *W* conperiunt *b* compereunt *PR* 8 auduit *a* andiot *L* adduit *β* 9 congregatam *et* manum *β* secum *om. β* 10 accendit//// *P* accendit *bR* innocentium *aLb^{1}* 11 fenestram *P* 13 in pulpito *Ws^{2}* alleluiaticos *β* uel os *b* 14 in gutture *om. β* guttere *V^{1}* 15 alia *$BVCs^{1}$* quam plurimi] multi *a* 19 tunuzuda *BW* tunazuda *φL* tinuzuda *Pb* nunc *a* galbus *Wβ* 20 uico *Wa* amoenię *W* Uicu Ammoniae *cum Mommseno nomen loci esse puto* 21 introeunte maximino *β* 22 pauimento *β* exparserunt *b* 24 ipse *a*

nisi Arriani per diuersa ministeria ponerentur. Inter alios
uentum est tunc ad Armogastem nostrum. Cuius cum diu ac
saepius tibias torquendo tinnientibus constringerent cordis et
frontem, in qua Christus uexillum suae fixerat crucis, rugatam
magisque aratam discindentes atque mugientes ostenderent,
nerui ut fila aranearum sancto caelum respiciente crepabant.
At ubi tortores neruicas cordas diruptas esse uiderunt, allatis
crebrius fortioribus cordis atque cannabinis, illo nihil aliud
nisi Christi nomen inuocanti, illa omnia uanescebant. Sed et
capite deorsum dum ad unum penderet pedem, dormire quasi
super lectum plumis stratum omnibus uidebatur. Quem cum 44
Theodericus regis filius, qui eius dominus erat, poenis non
ualentibus capite truncari iussisset, a suo prohibetur Iucundo
presbytero dicenti sibi: 'poteris eum diuersis afflictionibus inter-
ficere; nam si gladio peremeris, incipient eum Romani mar-
tyrem praedicare'. Tunc Theodericus in Bizacenam prouinciam
ad fodiendas eum condemnat scrobes. Postea quasi ad maiorem
obprobrium haut procul Carthagine, ubi ab omnibus uideretur,
pastorem eum praecepit esse uaccarum. Inter haec dum domino 45
reuelante dormitionis suae proximum cerneret diem, aduocat
quendam Felicem uenerabilem Christianum, procuratorem domus
filii regis, qui Armogastem ut apostolum uenerabatur, dicitque
illi: 'tempus meae resolutionis aduenit; obsecro te
per fidem quam utrique tenemus, ut sub hac siliquae arbore

23 II Tim. 4, 6.

2 armogasten *a* 3 tinientibus W^1 timentibus *BVC* tumentibus *MaL* humentibus s^2 chordis *Ms et sic infra* 4 rugam *β* 5 descendentes *BVCWaL*s^1 discedentes *M* ostenderunt *PR* ostenderant *b* distenderent *M* 6 caelo *β* respicientes *b* 7 torres *VC*s^1 tortores torres *M* disruptas *WMsβ* (III, 31) allatas *P* 9 inuocanti] *sic Bφ* uanascebant *β* euanescebant *Ms* 12 theodoricus *L* theudoricus *PR* non] nil *M* 13 iocundo *φWaβ* 14 dicente *Wβ* 15 matirē *W* 16 theodricus *VC* teudoricus *P* uizacenam *BVCsaL* iuuazenam *M* bizagenam *β* prouinciam uizacenam *W* 17 maius W^2*CMsaL* 18 obproprium *C* haut *MsaL*: haud *WC* aut *BV* ut *β* a carthagine *sa* 19 eum pastorem *β* 20 dormitioni *bR* 24 silice *a* siliqua V^2*Ms* arborem *B*V^1 arborum V^2*M*

me sepelire digneris, redditurus domino nostro, nisi feceris, rationem'. Non quod ille curaret, ubi aut qualiter suum sepeliretur corpus, sed ut illud demonstraretur, quod seruo suo
46 reuelauerat deus. Respondit Felix et dicit: 'absit a nobis, confessor uenerabilis, sed sepeliam te in una basilicarum cum triumpho et gratia qua mereris'. Cui beatus Armogas: 'non, sed quod dixi facturus es'. Ille timens dei hominem contristare, ueraciter quod iusserat promisit esse facturum. Statim intra paucissimos dies comes bonae confessionis de hac uita migrauit. Festinauit Felix sibi delegatum sub arbore fodere sepulchrum. Qui, cum intexti radices et soliditas aridae telluris moram faceret et laborem, angebatur, quod tardius sancti membra corporis humarentur. Tandem abscisis radicibus multo altius terram cauantes conspiciunt sarcofagum splendidissimi marmoris praeparatum, qualem forte nullus omnino habuit regum.

47 (I, 15) Sed nec quendam archimimum, nomine Masculan, debeo praeterire. Qui cum multis insidiis premeretur, ut catholicam amitteret fidem, ipse eum rex postea blandiendo affatibus saecularibus inuitabat, promittens multis eum diuitiis cumulandum, si uoluntati eius auditum facilem commodasset. Qui cum fortis atque inuictus maneret, iubet eum subire sententiam capitalem, ita tamen callidus occulte praecipiens, ut si in illa hora uibrantis gladii pertimesceret ictum, magis eum occideret, ne martyrem gloriosum fecisset; si autem fortem in confessione conspiceret, a gladio temperaret. Sed ille ut co-

1 deo *β* 4 reuelauit *W* dixit *Mab* 5 sepiliam *b* 6 quam *aLβ* cui] cuius *b* armogast' (*sed ' man. rec. add.*) *C* armogastes *Msa* 7 constristare *B*[1] contristari *a* 8 se esse *β* 11 Qui] cui *CaLb* intextae *WsaL* solidatas *Pb*[1]*R* 12 facerent *aL* et *om. a* labore *WaLβ* angeretur *Lβ* 14 cauentes *VCPR* sartofagum *BV* (*Schuch.* I, 161; III, 83) spendidissimi *C* 15 quale *M* 16 ne *b* quandam *β* archiaminiũ *W* archiminium *ML* archinimum *β* mansculan *β* masculaum *s* 18 comitteret *B* comittet *V* cõmutet *C* commutaret *Ms* omitteret *aL* 19 promittit *β* eum multis *Msb* 20 auditam *b* fatile *W*[1] 21 inuictus in fide *β* sibi subire *W* sententia *b* 22 callidus *om. a* 24 martyre *b* 25 a *om. W*

lumna immobilis Christo solidante fortis effectus confessor reuertitur gloriosus. Et si martyrem inuidus hostis noluit facere, confessorem tamen nostrum non potuit uiolare.

(I, 16) Nouimus et alium ea tempestate, nomine Saturum. 48
Qui cum lucidum esset membrum ecclesiae Christi et prauitatem Arrianorum libertate catholica frequenter argueret — fuit hic procurator domus Hunirici — conuenitur accusante Mariuado quodam diacono, quem Huniricus infaustus singulariter honorabat, ut fieret Saturus Arrianus. Promittuntur honores et diuitiae multae si faceret, praeparantur supplicia dira si nollet, hac obtione proposita, ut si regalibus iussis non oboediret, primo discussione metante amissa domo uel substantia, distractis omnibus mancipiis ac filiis, uxor eius ipso praesente camelario in coniugium traderetur. Quod ille plenus 49
deo magis ut ueIociter prouenisset, impios prouocabat. Ob quam causam uxor eius indutias uisa est ab his qui exsequebantur nesciente marito petisse. Accedit ad maritum alia Eua consilio magistrata serpentis. Sed ille Adam non fuit, qui inlecebrosa uetitae arboris poma contingeret, quia non Indigens, sed Saturus uocabatur, saturatus ab ubertate domus dei et torrentem deliciarum eius potatus. Aduenit mulier ad locum, ubi maritus singularis orabat, conscissis uestibus crineque soluto, secum comitantibus filiis unamque infantulam, quae

20 cf. Ps. 35, 9.

2 Etsi *uulgo; cf.* II, 35, *Pass.* 6   3 no *P*   7 hic] namque *Ms*   unirici *W* hunerici *rell.*   8 mauriuado *B ante rasuram*   condā W^1 quondā W^2 huniricus *W*: hunuricus *B* hunericus *rell.*   10 si *om.* P^1R 11 obtione] *sic* BV^1C 12 primo discussione metante *scripsi coll.* II, 50, 51, III, 46: primo discussionem et ante BVC^1WMsa prima discussione (discurs- *PR*) et ante $C^2\beta$ primo facta discussione et a. *Lv*   domu P^1R 13 fiis W^1 14 in] ad *β*   traderetur in coniugium *a*   deo plenus *P*   15 peruenisset *Pb*   prouacabat *V*   16 indutias *ita BW* (III, 28) indicias *P*   18 magistrae V^2Ms magistra *C*   illecebra *M*   19 uitae *β*   20 satiatus *β*   torrente *mss praeter BV* (τὸν χειμάρρουν τῆς τρυφῆς σου ποτιεῖς αὐτούς)   21 diliciarum $BVCW^1$ 22 conscisis *W* concissis *b* scissis uestibus ... II, 7 humilitatem in illo *desunt in a, uno folio deperdito*   23 seque *β*

tunc lactabatur, manibus gestans. Quam nescientis proicit ad
pedes mariti, etiam ipsa suis genua conplectitur ulnis, sibilans
uociferatione draconis: 'miserere mei, dulcissime, simul et tui;
miserere communibus liberis, quos conspicis ipse. Non subia-
ceant condicioni seruili, quos claros prosapia reddidit generis
nostri; non subiciar ego indigno et turpi coniugio uiuente
marito, quae mihi semper inter coaeuas plaudebam de Saturo
meo. Cognoscit deus quia inuitus facturus es hoc, quod forte
50 uoluntarie aliquanti fecerunt'. Cui ille Iob sancti uoce respondit:
'tamquam una ex insipientibus mulieribus loqueris.
Formidarem, mulier, si sola esset huius uitae amara dulcedo.
Artificio, coniux, diaboli ministraris. Si diligeres maritum,
numquam ad secundam mortem adtraheres proprium uirum.
Distrahant filios, separent uxorem, auferant substantiam: mei
domini ego securus de promissis uerba tenebo: si quis non
dimiserit uxorem, filios, agros aut domum, meus
non poterit esse discipulus'. Quid ultra? Discedens mulier
cum filiis refutata; confortatur Saturus ad coronam, discutitur,
expoliatur, poenis conteritur, mendicus dimittitur, interdicitur
ei prodeundi accessus. Totum ei tulerunt, stolam tamen baptis-
matis auferre non potuerunt.

51 (I, 17) Post haec Geisericus ecclesiam Carthaginis claudi
praecepit, dissipatis atque dispersis per diuersa exiliorum loca,
quia episcopus non fuerat, presbyteris et ministris. Quae uix
a. 475 reserata est Zenone principe supplicante per patricium Seuerum;
et sic uniuersi ab exilio redierunt. Quae uero in Hispania,
Italia, Dalmatia, Campania, Calabria, Apulia, Sicilia, Sardinia,

10 Iob 2, 10. 15 Luc. 14, 26.

1 Quam] quae *WL* nescienti *β* proicit *Cs Halmius* proicitur *BVWL* proiecit *M* proiciens *βv* 5 conditione *Ws* 8 inuictus *b* 9 fecere *b* ille illud *b* uoce *om. β* 12 coniunx *LPR* minitaris *ex* minitraris *W* ministra es *C* ministras s^2 ministrares P^1 diligeris BV^1b^1 14 distrahent *b* 17 potest *W* discendens W^1P^1 18 confortatus *b* 19 interceditur *et* 20 accensus *P* 21 aufere *b* 24 fuerat] erat *β* 25 subplicante P^1 26 ispania *P* 27 in italia *β*

Britiis, Lucania, Epiro [uetus] uel Ellada gesserit, melius ibi ipsi qui passi sunt miserabiliter lugenda narrabunt. Sed iam persecutionis nostrae, a Geiserico quanto sublimiter, tanto crudeliter gestae, iste sit finis. Durauit autem in regno annis triginta septem, mensibus tribus.

1 brities *BVCWsβ* bricies *ML* tucania *P* uetus *e dittographia uocis* uel (uet') *ortum ratus deleui* uel *om. β* hellada *PR* hellade *b* sibi *β* 2 ipsis *PR* lugendo *β* 4 ingeste (-ę *b*) *β* 5 mensibusque *W* et mensibus *β* tribus. Explicit liber primus . incipit liber secundus de hunurico *B* Incipit liber secundus (·II· *C*) de hunirico (hunrico *C*) *VC* Explicit liber ·I· incipit liber secundus (·II· *W*) *WM* Explicit liber ·I· incipit ·II· de hunirico *s* Explicit liber primus. incipit liber secundus de honorico (ho^ne^rico *b*) sacrilego *β*

LIBER SECUNDUS.

a. 477 mense Ianuario

1 (II, 1) Mortuo igitur Geiserico Huniricus maior filius patri succedit. Qui in primordia regni, ut habet subtilitas barbarorum, coepit mitius et moderatius agere, et maxime circa religionem nostram; ut etiam ubi antea sub rege Geiserico praeiudicatum fuerat, ne spiritales fierent conuentus, conuenticula concurrerent populorum. Et ut se religiosum ostenderet, statuit sollicitius requirendos hereticos Manicheos; ex quibus multos incendit, plurimos autem distraxit nauibus transmarinis. Quos paene omnes Manicheos suae religionis inuenit et praecipue presbyteros et diaconos Arrianae hereseos; unde magis erubescens
2 amplius in illis exarsit. De quibus repertus est unus, nomine Clementianus, monachus illorum, scriptum habens in femore: Manicheus discipulus Christi Iesu. Propter quod magis laudabilior memoratus tyrannus uidebatur, in uno displicens, quia cupiditati insatiabili uehementius inhiabat et prouincias regni sui uariis calumniis atque indictionibus onerabat, ut de illo praecipue diceretur: 'rex egens reditibus magnus est calumniator.' Dedit autem licentiam Zenone imperatore atque Placidia relicta Olibri rogantibus, ut Carthaginiensis ecclesia sibi quem uellet episcopum ordinasset, quae iam per XXIIII annos tali ornamento fuerat destituta.

a. 479—481

2 hunericus *VMs* honoricus *P* hundricus *b* patris *W* 3 primordio W^2*MsL* 5 ut *om. W* p̃//dicatum *b* 7 sollicitus *C* 8 e *W* 9 destruxit *β* 11 dyacones *P* herese//s *V* herescs *C* heresis *Ms* 12 reppertus *BVC* 13 foemore *b* 14 discipulos V^1 popter *W* laudabilior *om. β* 15 qua cupiditate *β* 17 indiccionibus *P et sic plerumque* cc *ante* io honerabat *W* ut de] unde W^1 18 magnos (magno *b*) est calumniatus *β* 20 relicta] per edicta *β* olibrii *WM* libri *β* cartaginiensis *BVC*P^1 charthaginiensis P^2*R* cartaginensis *WMb* ecclesiam *P*

(II, 2) Mittit ergo nunc ad ecclesiam Alexandrum inlustrem, 3
huiusmodi legationem ferentem, ut praesentia eius catholicus
populus dignum sibi peteret sacerdotem, destinans quoque per
notarium suum, nomine Uitarit, edictum quod publice legeretur,
in hunc continens modum: 'Iussit uobis domnus dici: quia
imperator Zenon et nobilissima Placidia per Alexandrum uirum
inlustrem scripserunt, petentes ut ecclesia Carthaginis religionis
uestrae proprium episcopum habeat, hoc fieri praecepit atque 4
eis rescripsit uel legatis ab eis directis dici iussit, ut, sicut
petierunt, uobis episcopum quem uolueritis ordinetis, sub eo
ut nostrae religionis episcopi, qui in Constantinopolim sunt et
per alias prouincias Orientis, ex eius praecepto episcopi nostri
liberum arbitrium habeant, in ecclesiis suis quibus uoluerint
linguis populo tractare et legem Christianam colere, quem-
admodum uos hic uel in aliis ecclesiis, quae in prouinciis
Africanis constitutae sunt, liberum arbitrium habetis in ecclesiis
uestris missas agere uel tractare, et quae legis uestrae sunt
quemadmodum uultis facere. Nam si hoc circa eos non fuerit
obseruatum, tam episcopus qui ordinatus fuerit uel clerici,
sed et alii episcopi cum clericis suis, qui in Africanis prouin-
ciis sunt, iubentur inter Mauros mitti.' Qui, dum edictum 5
nobis praesentibus quarto decimo Kalendarum Iuliarum uni-
uersae ecclesiae legeretur, gemere coepimus musitantes, eo
quod meditantibus dolis malorum esset futura persecutio prae-
parata; et ita legato dixisse probamur: 'si ita est, interpositis
his condicionibus periculosis haec ecclesia episcopum non delec-
tatur habere. Gubernat eam Christus, qui semper dignatur

1 tunc *β* 2 ligationem *b* in praesentia s^2 5 in *addidi: cf. Indic.* III 'continere' nobis *β* dominus *WMβ* dicere *β* 8 nostrae *b* fierit W^1 9 uel] ut *P* dicere *β* 11 in] apud *β* constantinopoli Ws^2 12 episcopi nostri *om. β*: *cf. Indic. III 'locutiones mirae'* 16 africanis *L*: africane (-ae) *BφW* africae $s^2β$ sint *P* 17 et quae . . . facere *om. β* 18 quemammodum *B* 19 reseruatum *β* clericis *B* clericus *φ* 21 Qui] quod *β* cum *b* 24 meditationibus dolisque *W* 26 condictionibus *VC* haec *om. β* ecclesiae *b* 27 eam] eciam *V* et iam *C* dignatur] dignatus est *Wβ*

gubernare.' Quam suggestionem legatus accipere neglexit. Simul et populus, ut tunc fieret, ut ignis exarsit, cuius erat clamor intolerabilis, qui nulla posset ratione sedari.

6 (II, 3) Ordinato itaque episcopo Eugenio, uiro sancto deoque
accepto, sublimis nata est laetitia et gaudium cumulatum est
ecclesiae dei. Exultans multitudo catholica sub barbara domina-
tione de ordinatione pontificis reparati: nam maximus iuuenum
numerus atque adulescentularum sibimet in commune con-
gaudens attestabatur, quod numquam uidisset episcopum in
throno sedentem. Porro ille uir dei sacerdos Eugenius coepit
per conuersationem operum bonorum uenerabilis et reuerendus
haberi etiam ab eis, qui foris sunt, et ita esse ab omnibus
gratus, ut, si fas esset, animam suam pro eodem uniuersos
7 ponere delectaret. Elemosynas quoque tales per eum dominus
dignatus est facere, ut incredibile uideatur tanta eum inpendere,
ubi ecclesia totum barbaris tenentibus ne unius nummi habere
cognoscitur facultatem. Humilitatem in illo, caritatem, pietatem
diuinitus condonatam, si quisquam incipiat, non poterit expli-
care. Pecunia apud eum numquam mansisse probatur, nisi
forte tali hora offerretur, quando iam sol diei explicans cursum
nocturnis tenebris ordinem daret et locum. Tantum reseruabat,
quantum diei sufficeret, non quantum cupiditas expetisset, deo
8 nostro subinde cotidie ingentia et maiora donante. Sed cum
fama eius esset celebris atque manifesta, coeperunt exinde
Arrianorum episcopi inuidia graui torqueri, cotidianis et prae-
cipue eum Cyrila calumniis insectantes. Quid plurimum?

2 tunc *om.* *W* 3 intollerabilis *VCb* 4 ordinatur B^1V^1 ordinator C^1 ordinatu B^2 5 commulatum BV^1W^1 6 dominatio *P* 7 numerus iuuenum *β* 8 gaudens *β* 9 adtestabatur *β* 12 aberi W^1 esset BVC^1W ab *om.* *β* 13 eisdem uniuersis *b* 14 elemosinas *φW* helemosinas *β* 17 agnoscitur *β* 18 si quisquam] *** uisquam *B*, *sed* siq *euanuisse manifestum* si quis inspiciat a^1 19 pecuniam $BVCW^1a$ numquam *om.* *α* non mansisse *M* mansisse non s^2aL 20 offerreretur *B* offeretur *C* explicat $BVCWMs^1$ explicaret cursum et *a*: *num* explicato cursu ? 21 seruabat *a* 22 quantu (*post* non) *W* 23 maiora et ingentia *a* 24 eius] ei *M* celebris] ubique celebris *β* 26 eum Cyrila] cum cirilla *M* cyrileas eum *β* cotidianis eum et p. cirilla *a* qui *W*

suggerunt de illo, ut suum nequaquam sederet thronum neque
dei populo uerbum faceret consuetum; deinde quoscumque
mares uel feminas in habitu barbaro incedentes in ecclesia
conspiceret, prohiberet. Ille respondit ut decuit: ‘domus dei
omnibus patet, intrantes nullus poterit repellere’; maxime
quia ingens fuerat multitudo nostrorum catholicorum in habitu
illorum incedentium, ob hoc quod domui regiae seruiebant.
(II, 4) At ubi ab homine dei tale responsum accepit, statuit 9
in portis ecclesiae collocari tortores. Qui uidentes feminam uel
masculum in specie suae gentis ambulantes, ilico palis mino-
ribus dentatis iectis in capite crinibusque in eisdem conligatis
ac uehementius stringentes simul cum capillis omnem pelli-
culam capitis auferebant. Nonnulli dum fieret statim oculos
amiserunt, alii ipso dolore defuncti. Mulieres uero post hanc
poenam capitibus pelle nudatis praecone praeeunte per plateas
ad ostensionem totius ciuitatis ducebantur. Quod sibi magis
quae patiebantur lucrum maximum conputabant. Quorum nos
plurimos nouimus, nec scimus eorum aliquem tunc etiam poenis
urguentibus a recto itinere destitisse. At ubi isto modo fidei 10
infringere non ualuit murum, cogitat ut nostrae religionis
homines in aula eius constituti neque annonas neque stipendia
solita potirentur. Addidit quoque et laboribus eos conterere
rusticanis. Dirigit uiros ingenuos et admodum delicatos ad
campum Uticensem, ut sub ardentis solis incendio cespites
messium desecarent; ubi omnes cum gaudio pergentes in
domino laetabantur. In quorum contubernio quidam fuit aridam 11
habens manum, quae per annos quam plurimos nullum ei
praestiterat obsequium. Qui cum ueraciter excusaret se operari

1 suggerunt] suggerunt regi *αβ* 2 dei populo] ad dei populum *β* quocumque *β* 3 incendentes V^1 in ecclesiā V^2C intrare ecclesiam *M* 4 conspicere *BφR* docuit *P* 5 reppellere *a* 7 incendentium V^1b 10 gentes *b* 11 rectis *M* ictis a^1 iactis *L* criminibusque *V* cremibusque *C* conlegatis *VC* 13 auferrent *M* aufferebant *b* 15 platheas *W* 18 nescimus *β* eorum tunc aliquem *a* tunc aliquem eorum *Wβ* 19 itenere *C* 20 murum] ullum *β* 21 aula eius] eculeis *a* stipendio solito *a* 22 poterentur b^1 25 mensium *PR* 26 arida *BC* 28 uerater *b*

non posse, magis uiolenter iussus est pergere. Sed ubi ad locum uentum est et praesertim pro eo orando ingemuerunt omnes, pietate diuina illa arida incolomis confessoris restituta est manus. Hinc iam Hunirici persecutio doloris atque parturitionis nostrae sumpsit initium.

12 (II, 5) Ipse autem, qui sese iamdudum omnibus lenem ostenderat, desiderans post obitum suum filiis, quod non contigit, regnum statuere, Theodericum fratrem filiosque eius Gentunisque fratris nihilominus filios crudeliter coepit insequi. Quorum nullum dimitteret, nisi ei mors desiderii sui uoluntatem auferret. Primo sciens uxorem Theoderici fratris astutam, credo ne forte maritum aut maiorem filium, qui prudens et sapiens uidebatur, consiliis acrioribus aduersus tyrannum ar-
13 masset, crimine adposito gladio eam intercipi iubet. Post occiditur et ille filius magnis litteris institutus, cui secundum constitutionem Geiserici, eo quod maior omnibus esset, regnum inter nepotes potissimum debebatur. Accenditur adhuc crudelius aliquid perpetrare. Adstante uulgo in media ciuitate pro gradibus plateae nouae episcopum suae religionis, nomine Iucundum, quem patriarcham uocitabant, praecepit incendio concremari, ob hoc quod in domo Theoderici germani regis acceptissimus habebatur; cuius forte suffragio memorata domus regnum poterat optinere. In quo impietatis scelere futurum nobis adesse prospeximus malum, aientes inuicem singuli nobis: ‘qui in suo ita crudelis effectus est sacerdote, quando

3 incolumis *aβ* 4 hunurici *Bs* hunuri *VC* $\overset{h}{u}$nirici *WP* hunerici *Ma* honorici *b* 6 ipso *β* lenem] bene *β* 7 contingit *PR* 8 theodericum *MsP*: teudericum *W* teudoricum *BVCa* theodoricum *bRL* eius] fratris eius *a* 9 nihil hominus *WPb* 10 ei] et *a* 11 aufferret *Cb* theoderici *P*: teoderici *W* teudorici *BVCa* theodorici *MsbRL* 12 fortẽ aridũ *W* maiorem] marem *P* quia *β* 14 imposito *β* interfici *Msa* iussit *C* 15 magnus *Mβ* 16 esset omnibus *a* 17 potissimu *et* acceditur *P* 18 astante *a* asstante *Pb* medio *P* 19 platae *P* sua *b* iucundum *BRP²*: iucũdũ *b* iocundum *rell.* 21 cremari *φ* theoderici *Ms*: teuderici *BVCW* theudorici *a* theodorici *βL* 23 obtinere *Mab* 24 perspeximus *β* aientes *W²C²Ms²L*: agnentes *W¹* agentes *rell.* 25 sua *b*

nostrae religioni uel nobis parciturus est iste?' Tunc et Gen- 14
tunis maiorem filium, nomine Godagis, cum uxore absque solacio seruuli aut ancillae crudeli exilio delegauit, fratrem uero Theodericum post occisionem uxoris et filii nudum atque destitutum similiter exulauit; post cuius mortem filium qui supererat infantulum duasque filias eius adultas inpositas asinis longius affligendo proiecit. Sed et comites quam plurimos et nobiles gentis suae obiectionibus falsis insectans, ob hoc quod germano fauerent, alios incendit, alios iugulauit, imitator existens Geiserici patris, qui sui fratris uxori ligato pondere lapidum in Ansaga fluuium Cirtensem famosum iactando demersit, et post necem matris etiam filios interfecit. Sed et multos ei 15
Geisericus pater moriens sacramento interposito commendauerat, quos ille inmemor fidei et sacramenti uiolator diuersis poenis et incendiis trucidauit. Nam Heldicam quondam, quem pater eius praepositum fecerat regni, iam annosum atque ueteranum, cum dedecore capite detruncauit, eiusque uxorem cum alia, nomine Teucharia, in medio ciuitatis incendit. Quarum corpora per uicus et plateas trahi mandauit, quae tota die iacentia rogatus a suis episcopis uix uespere sepeliri concessit. Gamuth namque Heldicae fratrem, quia ad ecclesiam eorum confugerat, occidere non potuit; quem tamen in loco latrinarum obsceno conclusit temporeque multo eum ibi degere statuit. Postea cum 16
caprario quodam et rustico ad faciendas scrobes uineis profuturas condemnauit; quos etiam duodecies per annum, id

3 seruili *β* 4 theodricum *VC* theodoricum *PRL* filium *PR* 7 adfligendo *Pb* 9 faberent BV^1C^1 iugulauit] gladio iugulauit *β* 10 uxori s^1a: uxoris *BVC* uxorem *rell. et uulgo; cf. Indic. III 'abl. abs. mire positus'* 11 amsaga *bR* ansatam *W* cirtense *β* famosum] fe (foe- *b*) tilosum *β* 12 ei *om. b* 14 uiolatur *P* 15 incendii *PR* incendio *b* eldicam *b* quendam W^2C^2Msa 16 eius *om. β* propositum W^1 17 truncauit *β* 18 teuchariam *BVCMW* theucariam *a* theucaria *β* 19 uicus] *sic* BVC^1 platheas *P* 20 sepelire *b* camut *β* 21 heldice *BVCMa* hel (el- *b*) dici *β* qui *Wβ* 22 loca *φ* obscena *s* 23 multoque tempore eum ibi *Ms* multoque eum ibi tempore *βv* stauit *P* 24 quondam W^1 presẽturas *V* (ese *in ras.*) profuturos *b*

est per singulos menses, flagellis crudelibus dissipabat, uix modico aquae cibarioque pane concesso. Hoc per quinque uel amplius perpessi sunt annos; quibus haec supplicia proficere poterant ad aeternam mercedem, si catholici fuissent et fidei suae merito ista perferrent. Sed ideo istud silere nequiuimus, ut impietatem regis etiam in suis minime sileremus, qui non solum episcopum suum Iucundum, ut superius demonstrauimus, flammis adussit, sed et presbyteros et diacones suos id est Arrianos quam plurimos incendit nec non et bestiis mancipauit.

17 (II, 6) Amputatis igitur in breui omnibus quos timebat et
solidans sibi, ut putabat, regnum, quod breue fuerat et caducum, omni ex parte otiosus atque securus uniuersa tela furoris in persecutione ecclesiae catholicae rugiens sicut leo conuertit. Ante persecutionis tamen tempestatem multis praeeuntibus uisionibus et signis inminens demonstratum fuerat
18 malum. Nam ferme ante biennium quam fieret, uidit quidam
Fausti ecclesiam solito in ornatu fulgentem, cereis quoque fulgentibus palleisque uelaminum ac lampadibus rutilantem; et dum laetaretur tanti fulgoris candore, subito, ait, luminis illius concupiscibilis extinctus est fulgor ac tenebris succedentibus aduersarius naribus natus est fetor; omnisque illa beatorum turba expellentibus quibusdam Aethiopibus minata est foras, ob hoc iugiter lamentantum, quod eam in claritate pristina nequaquam uiderit iterum restitutam. Nam uisionem

13 Ps. 21, 14.

2 modico *WsaL*: modicum *rell.* aqua *β* panis *β* 3 passi *a* haec] ex *P* suplicia *P* sufficere *Pb* 5 nequimus *φ* 6 impietates *PR* impietas *b* siliremus *VC*^{1} sileretur *b* taceremus *a* 7 iocundum *mss praeter BW* 8 adusit *BVCW*^{1} sed et] sed *P* diaconos *φb* 10 imbreui *PR* 11 et] atque *a* 12 ex omni *W* occiosus *W* odiosus *β* 13 persecutionis (-es *b*) *β* 17 solitu *BVCWs* in ornato *BVCs* insolito ornatu *a* *post* fulgentem *mss uerba* et dum . . . candore *habent: transpos. Chiffletius* 18 palleisque *BVC*: palliisque *rell.* 19 candore tanti fulgoris *β* 20 fulgur *BVCa* fulgore *P*^{1}*R* succendentibus *W* 21 fętor *VCM* foetor *b* 22 beatorum] oblatorum *β* 23 iugiter] igitur *β* lamentandum *Wβ* claritatem pristinam *W*

istam nobis praesentibus sancto rettulit Eugenio. Uidit et
quidam presbyter ipsam Fausti refertam turbis innumerabilium
populorum et post paululum euacuatam et repletam porcorum
multitudine atque caprarum. Item alius uidit aream triticeam 19
uentilationi paratam, granis adhuc uentilatoris iudicio necdum
a palea separatis. Et dum ingentis massae, licet confusae,
magnitudinem miraretur, subito ecce turbo ueniens tempestatis
soniuago flatu coepit aduentum suum surgente puluere demon-
strare; cuius impetu palea illa omnis omnino uolauit remanen-
tibus granis. Post haec uenit quidam procerus splendido uultu
habituque nitido fulgens, et coepit grana uacua macilenta
atque simulagini reproba purgando proicere. Quae diu examinans
uix magnitudinem illius massae, licet probatae, ad aceruum
tamen perduxit exiguum. Item alius ait: Stabat quidam prae- 20
celsus super montem, qui Ziquensis dicitur, et clamabat dextra
laeuaque: migrate, migrate. Alius conspicit rugiente caelo
atque turbato sulphureas nubes, quae ingentes coeperunt lapides
iaculari: qui lapides dum cecidissent in terram, plus accende-
bantur et maioribus flammis ardebant, atque intrantes in pene-
tralio domorum quos inuenerant incendebant. Qui autem uidit,
ait, cum se in quodam cubiculo abscondisset, miseratione diuina
ad eum flamma non potuit peruenire; reor ut illud propheticum
conpleretur: claude ostium tuum et absconde te pusil-
lum aliquantulum, donec transeat ira dei. Uidit et 21
uenerabilis Paulus episcopus arborem usque ad caelos ramis

23 Esai. 26, 20.

1 persentibus *P* rectulit *VC* retulit *WMsaP²b* 4 multitudinem *BV¹* multitudine por (par- *R*) corum *β* (uel toris) 5 uentilationis *W* 7 magnitudine *BVCβ* magnitudo *a* subito *om. a* 8 flato *b¹* monstrare *b* 9 impetu] impulsu *a* 11 abituque *β* et] qui *av*: *om. β* 12 simulagini *W*: similagini *rell.* 13 magnitudine *β* 15 tiquensis *b* dextera *Mab¹* 16 *alterum* migrate *deest in P* conspexit *av* 17 atque turbato] ac turbatas *β* sulphur//as *V* coperunt *VC¹* 18 ascendebantur *P* 19 penetralio] *sic BV*: penetralia *rell.* 23 hostium *WR* absconde te pusillum aliquantulum *α recte* (ἀποκρύβηθι μικρὸν ὅσον ὅσον): absconde te pusillũ *W* abscondere aliquantulum *βv* 24 pertranseat *a*

florentibus extensam, quae etiam dilatatione sua omnem paene Africam opacabat. Et cum uniuersi eius magnitudini et speciositati gauderent, ecce subito, inquit, uenit unus asinus uiolentus, qui defricans ceruicem suam super robur radicum eius, inpulsu suo cum ingenti sonitu illam mirabilem arborem
22 elisit ad terram. Sed et Quintianus honorabilis episcopus uidit se super quendam montem stare, de quo conspiciebat gregem innumerabilium ouium suarum, et in medio gregis duae erant ollae nimium bullientes. Aderant autem ouium occisores, quarum carnes ollis bullientibus demergebant; et cum ita fieret, omnis illa magnitudo consumpta est gregis. Reor ergo illas duas ollas Sicca Ueneria et Laribus duas esse ciuitates, in quibus multitudo prima fuerat congregata, e quibus incendium initium sumpsit, aut Huniricum regem et Cyrilam episcopum eius. Sed de multis uisionibus, quia breuitati consulendum fuit, haec dixisse sufficiat.

23 (II, 7) Quid ultra? Censet primo tyrannus iussione terribili, ut nemo in eius palatio militaret neque publicas ageret actiones, nisi sese Arrianum fecisset. Quorum ingens numerus, uigore inuicti, ne fidem perderet, militiam temporalem abiecit; quos postea domibus proiectos omnique substantia expoliatos in insulis Sicilia et Sardinia relegauit. Quodam tempore statuere per totam Africam festinauit, ut nostrorum episcoporum defunctorum fiscus sibi substantiam uindicasset; qui autem de-

1 extensum *a* dilatatione P^2: delatione *b* dilatione *rell.* pone *VC*: *om.* *β* 2 occupabat *M* ocupabat s^2 pacabat *β* magnitudine P^2b spetiositate *Pb* 3 congauderent *Msa* inquid *VC* unus *om.* *β* 5 suo cum] uocum *b* 6 et *om.* *PR* uenerabilis *a* 7 quondam BVC^1 8 innumeralium *b* 9 bulligentes VC^1, *item infra* bulligentibus adherant *W* 11 ergo *Bφ*: ego *rell.* 12 sicca ueneria (uentria *a*) et laribus *aW*: siccensam (succensas *b*) et larensem laribus *β* 13 e] et *Wβ* 14 in inicium VC^1 hunericum *φa* honoricum *β* cyrillam *BφWa* tirilam *b* 15 consolendum *VC* 17 cesset *P* uisione *PR* 18 palitio *W* 19 se *a* 20 inuictus s^2ab^2L meliciam *W* 21 eiectos *a* insulas s^2a 22 sicilia et sardinia *W*: sardiniam et siciliam *a* siciliam et sardiniam *rell.* religauit *WPb* 23 defuctorum *et* 24 defucto *W*

functo succedere poterat, non ante ordinaretur, nisi fisco regali
quingentos solidos obtulisset. Sed hoc aedificium ubi construere 24
nisus est diabolus, statim illud destruere dignatus est Christus.
Suggerunt ei domestici sui dicentes: 'si istud firmauerit prae-
ceptio uestra, nostri episcopi in partibus Traciae et aliis regi-
onibus constituti peiora incipient pati'. Praecepit deinde sacras
uirgines congregari, dirigens Uuandalos cum suae gentis ob-
stetricibus ad inspicienda et contrectanda contra iura uere-
cundiae uerecunda pudoris, ubi nec matres aderant nec aliqua
matronarum. Cremantes graui suspendio atque ingentia pondera
pedibus conligantes, lamminasque ferri ignitas dorso, uentri,
mamillis et lateribus adponebant. Quibus inter supplicia dice- 25
batur: 'dicite quoniam episcopi uobiscum concumbunt et clerici
uestri'. Quarum acerbitate poenarum plurimas tunc scimus
extinctas; aliae, quae remanserunt, cutibus arescentibus factae
sunt curuae. Nitebatur enim semitam inuenire, per cuius
aditum publicam, sicut fecit, faceret persecutionem. Et ita
faciens nullo modo inuestigare potuit, quomodo Christi eccle-
siam macularet.

(II, 8) Quibus autem prosequar fluminibus lacrimarum, quando 26 a. 483
episcopos, presbyteros, diacones et alia ecclesiae membra, id
est quattuor milia DCCCCLXVI, ad exilium heremi destinauit?
in quibus erant podagri quam plurimi, alii per aetatum annos
a lumine temporali priuati. In quorum erat numero beatus

1 succede *P* potuit *φ* 2 optulisset *WaP* 4 sugerunt *a* firmauerat *V* 6 precipit *P* deinde] de *W* 7 genti *P*[1]*bR* 8 inspienda *V* contractanda *VC* iura *WMsaL*: iure *BV* ius *Cβ*; *cf.* III, 21 contra iura naturae uerecundiae] uerecundia *b* 9 uerecunda] uerecundia *BVWa*: *om. β* adherant *P*[1]*bR* aliqua] aliqua catholica *Wβ* 10 ingendia *W* 11 laminasque *BVCWMa* (I, 10; III, 28) lamminas *b* dorsi *BVC* 14 aceruitate *BVC*[1] 17 additum *P* feceret *B* facet *W* 18 ecclesia *B* 20 persequar *W* 21 diaconos *V*[2]*Ms* aliae *PR* ecclesia *B* 22 quattuor milia *om. W* LXVII *W* septuaginta sex *β* 23 podagrici *a* per aetatum annos a *a*: per aetatem annos a *BV*[1] per aetatem annorum a *V*[2]*CMsL* per aetatem (aetate *W*) annosam *Wβ*; *cf. Indic.* III a—ab *et Roensch, It. u. Vulg.*[2] *p. 426*

Felix Abbiritanus episcopus, habens iam in episcopatu XLIIII
annos, qui paralysi morbo percussus nec sentiebat quicquam
27 nec penitus loquebatur. De quo nos maxime cogitantes, quod
non posset iumento portari, suggessimus ut a suis rex peteretur,
ut saltem eum propere moriturum Carthagini esse iussisset,
quod ad exilium nulla posset ratione perduci. Qui ita fertur
tyrannus cum furore dixisse: 'si animali sedere non potest,
iungantur boues indomiti, qui eum conligatis funibus trahendo
perducant ubi ego praecepi'. Quem ex trauerso super burdonem
uinctum quasi quoddam ligni truncum toto itinere portabamus.

28 (II, 9) Congregantur uniuersi in Siccensem et Larensem
ciuitates, ut illuc occurrentes Mauri sibi traditos ad heremum
perduxissent. Superuenientes igitur comites duo subtilitate
damnabili blandis sermonibus cum dei confessoribus agere
coeperunt. 'Quid uobis', inquiunt, 'uidetur, ut ita pertinaces
sitis et domni nostri praeceptis minime obtemperetis, qui esse
poteratis in conspectu regis honorabiles, si eius festinetis facere
uoluntatem'? Statim illis clamantibus et dicentibus ingenti uoci-
feratione: 'Christiani sumus, catholici sumus, trinitatem unum
deum inuiolabilem confitemur', includuntur grauiori quidem sed
adhuc latiori custodia, ubi nobis copia dabatur et introire et
uerbum ammonitionis fratribus facere et diuina mysteria cele-
29 brare. Ibi et infantuli fuere quam plurimi, quos genetrices materno
sequebantur affectu, aliae gaudentes, aliae retrahentes; aliae
gaudebant se martyres peperisse, aliae moriendos diluuio re-

1 filix *M* albiritanus *W* abiritanus *M* episcopatū *W* 2 paralisin *P* sentiebant *BVC*^{1} 3 poenitur *W* 4 non *om. Pb* 5 saltim *V*^{2}*CMsL* salutem *b* iusisset *C* iussiset *W* 6 Qui] quibus *CMs*^{2}*a* 7 post *W* 8 colligatum *Pb*^{2}*R* 9 tranuerso *W* transuerso *s*^{2} *aβ* 10 uictum *W* quodam *PR* quendam *s*^{2} *et W s. l.* tota *V* itenere *C* 12 ciuitatem *Pb* occurentes *W* 13 perducerent *Ma* 16 domni] *sic Bb* uestri *W* 17 poteritis *Wβ* festinaretis *Ms*^{2} 18 ingenti uociferatione clamantibus et dicentibus *β* 20 inuocabilem *P* 21 copie dabantur *β* et *ante* uerbum *om. PR* 22 admonitionis *Wβ* facere fratribus *a* ministeria *Ma* 23 genitrices *CMsa* 24 trahentes *β* 25 morituros *s*^{2}*L* moliendo *β* baptizationis *β*

baptizationis nitebantur a confessione fidei reuocare. Nullum tamen tunc nec blandimenta uicerunt nec carnalis pietas aliquem inclinauit ad terram. Nam quaedam quid tunc fecerit anus, breuiter referre delectat. Dum iter ageremus cum dei 30
exercitu comitantes et forte magis noctibus promoueremus propter solis ardorem, conspicimus mulierculam sacculum et alia uestimenta portantem, manu infantulum unum tenentem atque in his sermonibus consolantem: 'curre, domne meus; uides uniuersos sanctos quomodo pergunt et festinant hilares ad coronas'. Quam nos cum increparemus, quod inportuna uideretur aut uiris pro sexu iungi aut exercitui Christi sociari, respondit: 'benedicite, benedicite, et orate pro me et pro isto nepote paruulo meo, quia, etsi peccatrix, filia sum quondam Zuritanae ciuitatis episcopi'. Cui nos: 'et quare ita abiecte ambulas, uel qua ratione de tam longo itinere huc pergere demonstraris'? Quae respondit: 'cum hoc seruo uestro paruulo ad exilium pergo, ne inueniat eum solum inimicus et a uia ueritatis reuocet ad mortem'. Ad haec uerba repleti lacrimis nihil dicere ualuimus nisi ut uoluntas fieret dei.

(II, 10) Sed ubi aduersarius, qui iam forte dicebat: 'partibo 31
spolia, replebo animam meam, interficiam gladio meo, dominabitur manus mea', nullum potuit aucupari, inquirit angusta et teterrima loca, in quorum conclauibus dei exercitum coartaret. Tunc eis etiam uisitationis humanae ne-

20 Exod. 15, 9.

1 ad confessionē *W* 2 nec *post* tunc *om.* *W* 3 aliquid *β* quid (quod *W*) tunc] tunc quae *β* 4 refferre *W* referri *β* agerimus *V* 5 promouemus *Bφ* promoueremur *W* promouimus *β* 6 sacculam V^1 7 infantulo uno *BVC* 8 in *om.* *a* domne] *sic* *BVCs* 10 coronam *β* 11 iungeri *BVC* exercitu *β* 13 peccatris *B* qondam *W* 14 cui///nos *B* et *et* abiecte *om.* *a* 15 abbulas *PR* 16 paruulo uestro seruo *W* paruulo seruo uestro *βv* 20 partibor C^2s^2b 22 aucupari WMs^2 accupari *BVC* acupari s^1 occupare *rell.* 23 agusta VC^1 deterrima *M* cumclauibus *b* 24 coartaret exercitum dei *φ* negato *φa* est negata *W* negata est *β*

gata consolatio: ponuntur et custodes postibus et grauiter affliguntur; iactantur confessores Christi super inuicem angustia coartante, unus super alium, ut agmina lucustarum, et ut
32 proprie dicatur, ut grana pretiosissima frumentorum. In qua constipatione secedendi ad naturalem officium nulla ratio sinebat loci; sed stercora et urinam urguente necessitate ibidem faciebant, ut ille tunc fetor et horror uniuersa poenarum genera superaret. Ad quos aliquando, data ingentia munera Mauris, dormientibus Uuandalis uix clam ammissi sumus intrare. Qui introeuntes ueluti in gurgite luti usque ad genua coepimus mergi, illud tunc Hieremiae uidentes fuisse conpletum: qui nutriti sunt in croceis, amplexati sunt stercora sua. Quid multa? praecepti sunt undique perstrepentibus Mauris ad iter, ubi destinati fuerant, praeparari.

33 (II, 11) Exeuntes itaque die dominica linita habentes stercoribus uestimenta, facies simul et capita, a Mauris tamen crudeliter minabantur, hymnum cum exultatione domino decantantes: haec est gloria omnibus sanctis eius. Aderat enim ibi tunc beatus pontifex Cyprianus Unizibirensis episcopus, consolator egregius, qui singulos pio et paterno fouebat affectu non sine fluminibus currentium lacrimarum, paratus pro fratribus animam ponere et se ultroneum, si dimitteretur, talibus passionibus dare, qui totum quod habuit egentibus fratribus in illa tunc necessitate expendit; quaerebat enim

11 Thren. 4, 5. 18 Ps. 149, 9. 21 cf. I Ioh. 3, 16.

1 solatio C^2*Ms* ponuntur C^2: puniuntur *rell.* postibus *scripsi*: fustibus *mss* et *ante* grauiter *om. M* 2 adfliguntur *Pb* iactatur *W* 3 acmina *W* locustarum *mss praeter B* 5 naturalem *BV* naturale *rell.* silebat *W* 6 stercoris et urinae *β* 7 fętor *WMs* foetor *b* orror *BVCWs*¹ 8 datu *BVs*¹ dantes *Ws*² post data C^2 daturi *a* Mauris] auri *W* 9 admissi *WMsaβ* 10 luti] lici *V* laci *Ms*: *om. W* lutius quę *B* latique *a* 11 ieremiae *WMsa* cõ//pletum *B*, n *ut uid. erasa*: cõpletum *rell.* 12 amplexi *W* 14 ad iter] aliter *W* 17 cu *W* decantabant *a* 19 umzibbirinensis *PR* umzibbilinensis *b* 20 con|consolator *B* 21 decurrentium *a* 22 ponore *P* 23 daret *a*

occasionem qualiter confessoribus sociaretur, ipse animo et
uirtute confessor. Qui postea per multos agones et squalores
carceris ad exilium quod desiderabat cum exultatione perrexit.
Quantae tunc multitudines de diuersis regionibus et ciuitatibus 34
ad uisendos dei martyres occurrerint populorum, testantur uiae
uel semitae; quae agmina uenientium nequaquam capientes,
per uertices montium et callium concurrens turba fidelium
inaestimabilis descendebat, cereos manibus gestantes, suosque
infantulos uestigiis martyrum proicientes ista uoce clamabant:
'quibus nos miseros relinquitis, dum pergitis ad coronas? qui
hos baptizaturi sunt paruulos fontis aqua perennis? qui nobis
paenitentiae munus collaturi sunt et reconciliationis indulgentia
obstrictos peccatorum uinculis soluturi? quia uobis dictum est:
quaecumque solueritis super terram, erunt soluta
et in caelis. qui nos sollemnibus orationibus sepulturi sunt
morientes? a quibus diuini sacrificii ritus exhibendus est con-
suetus? uobiscum et nos libebat pergere, si liceret, ut tali
modo filios a patribus nulla necessitas separaret'. In his uoci- 35
bus et lacrimis nullus iam pergere ammissus est consolator,
sed artabatur multitudo ad currendum, ut ubi cannaba erat
praeparata, laboriosam caperent mansionem. Qui, cum senes
deficerent et alii forte, et si iuuenes delicati, coeperunt hastilium
cuspidibus ad currendum et lapidibus tundi; unde magis de-
ficientes amplius lassabantur.

14 Mt. 18, 18

2 qualores *M* scalores *a* 4 multitudenes *W* ciuitibus *VC*^{1} 5 uisendum *β* occurrerunt *s* occurrerent *a* concurrerint *b* 6 uiuentium *VC*^{1}*Ms* capiebant *W* 7 uertices enim *W* callium *scripsi*: uallium *mss* uallium concaua *C*^{2}; *an* collium? *cf.* III, 58 montes et colles 9 clammabant *a* clamabat *b* 10 coronam *β* 11 paruuolos *W* fonti *C*^{2} fonte *WP*^{2}*a* aqua *scripsi*: aquae *mss* perhennis *aβ* 12 poenitente *PR* manus *M* conlaturi *β* indulgentię *BVCa* indulgentiam *Mb*^{2} 13 soluituri *W* 17 libebat *Ws*^{2}*bR*: licebat *BVC*^{1}*Ms*^{1}*a* liceat *C*^{2}*L* libeat *Pv* si liceret] scilicet *C ex corr.* 18 separet *C*^{2} p̃pararet *W* 19 lacrimis] laudibus *β* ammissus] *sic BV*, *item* consolatur 20 cannaba] tunc nauis *β* erant *W* 21 praeparatã *BVC* praeparatum *a* 22 etsi *uulgo* coeperunt] coep. primo *Wβ* astilium *BVCP* hostiũ *W* 24 lassabuntur *b*

36 (II, 12) Post uero imperatum est Mauris, ut eos, qui ambulare non poterant, ligatis pedibus ut cadauera animalis mortui traherent per dura et aspera lapidum loca, ubi primo uestimenta, postea membra singula carpebantur, quia per gladios acutos petrarum hic caput conterebatur, alibi latera findebantur, et ita inter manus trahentium spiritum exalabant. Quorum numerum colligere nequaquam ualuimus multitudine coërcente; exultat tamen per totum aggerem publicum uilis
37 sepultura sanctorum loquentibus tumulis. Reliqui habiliores ad solitudinis loca perueniunt, in quibus collocati hordeum ad uescendum ut iumenta accipiunt. Ubi etiam uenenatorum animalium atque scorpionum tanta esse dicitur multitudo, ut ignorantibus incredibilis uideatur, quae solo flatu etiam in procul positos ueneni uirus infundat; ab scorpii autem percussu nullum dicunt aliquando euasisse. Quorum feritas uirulenta usque ad praesens tempus Christo defendente nullum seruorum eius nocuisse docetur. Sed cum illic aluntur hordiaciis granis, postea et hoc ablatum est; quasi non poterat deus, qui pluerat patribus manna, pascere et nunc tali exilio mancipatos.

38 (II, 13) Cogitat acriora aduersus ecclesiam dei, ut qui membra aliqua absciderat, totum laniando perderet corpus. Nam die ascensionis domini legato Zenonis imperatoris Regino praesente legendum media ecclesia episcopo Eugenio dirigit praeceptum tali tenore conscriptum, quod etiam uniuersae Africae ueredis currentibus destinauit.

1 uerū *W* 2 legatis P^1R ut cadauera] uelut cadauer *β* 3 traherentur *Wβ* lapidum *om. β* 4 quia] qui $BVWs^1$ quibus *av* 5 hic *om. a* capud *BVC* 6 exhalabant *Mb* exhalabant spiritum *a* 8 cohercente *Ma* coarcente *β* exultat *scripsi; cf. uar. lect. ad* II, 80: exaltat BVC^1Ms^1a extat $C^2β$ exaltatur Ws^2v exaltata *Halmius* uili BVC^1 9 abiliores BVC^1 *WP* 10 ordeum *a* 11 uenatorum *ex* uenetorum *V* 13 incredibile *Ms* solu *W* in *addidi* 14 positis Ms^2 a *aβ* scorpio *b* percussum *b* incursu *a* 16 tempus *om. β* 17 illi *β* alerentur *WM* hordeaciis *C* hordeaceis *MsPb* ordeaceis *R* hordiaceis *a* ordeatii *W* 18 poterit *Ms* posset *β* 19 mancipatis BVC^1 22 Regino] regina Ms^1a regi non *PR* rege non *b* 24 tali tenore conscriptum *om. α*: *recte?* 25 ueredis discurrentibus *a*

'Rex Hunirix Uuandalorum et Alanorum uniuersis episcopis 39
omousianis. Non semel sed saepius constat esse prohibitum, ut in sortibus Uuandalorum sacerdotes uestri conuentus minime celebrarent, ne sua seductione animas subuerterent Christianas. Quam rem spernentes plurimi reperti sunt contra interdictum missas in sortibus Uuandalorum egisse, asserentes se integram regulam Christianae fidei tenere. Et quia in prouinciis a deo nobis concessis scandalum esse nolumus, ideoque dei prouidentia cum consensu sanctorum episcoporum nostrorum hoc nos statuisse cognoscite, ut ad diem Kalendarum Februariarum proxime futurarum amissa omni excusatione formidinis omnes Carthagine ueniatis, ut de ratione fidei cum nostris uenerabilibus episcopis possitis inire conflictum, et de fide omousianorum, quam defenditis, de diuinis scripturis proprie adprobetis, quo possit agnosci, si integram fidem teneatis. Huius autem edicti tenorem uniuersis coëpiscopis tuis per uniuersam Africam constitutis direximus. Data sub die XIII Kal. Iunias anno a. 483
septimo Hunirici'.

(II, 14) Cognoscentes igitur qui aderamus simulque legentes, 40
contritum est extemplo cor nostrum et contenebrati sunt oculi nostri, et uere tunc dies festi nostri conuersi sunt in luctum et cantica in lamentationem, dum edicti tenor indicaret futurae persecutionis furorem, et praesertim ubi dixit 'in prouinciis nostris a deo nobis concessis scandalum esse

20 Thren. 5, 17.

1 hunirich *Ms* hunericus *a* uniricus *WP* honoricus *b* 2 omusianis *BVCM¹a* homousianis *Pb* 4 nec *PR* sedutione *W* seditione *β* 5 qua *P* plurimi] plur. nunc *β* 6 egisse] facere *β* 7 regula cristianae *W* 8 noluimus *Pb* ideo *Cbs²* prouidentia] prouincia *W* 9 cum consensu] cum sensu *V et C¹ ut uid.* consensu *C²Ms* 10 ianuariarum *Pb* 11 omissa *a* omne *BV* (III, 30) 12 cartaginem *M* carthaginem *Wsab* 13 inhire *b* confrictum *V* umousianorum *BVa* omusianorum *C* homousianorum *Pb* 14 de *om. W* diuinis] diuersis *β* 15 posset *Mb* 16 episcopis *αW* tuis *om. W* 17 Iunii *Ms* 18 hunurici *BV* unirici *W* hunerici *Msa* hunorici *b* 19 adoramus *V* 20 exemplo *VC²* extimplo *C¹Ms* 22 lamentatione *PR* 24 nostris *om. Wβ* nobis a deo *Wβ*

nolumus', quasi diceret 'in prouinciis nostris catholicos esse nolumus'. Tractatum est quid fieret. Nullum inuenit remedium imminens calamitas, nisi a sancto Eugenio rationabilis, si cor barbarum molliretur, suggerenda daretur tali textu conscripta.

41 'Quotiens animae uel uitae aeternae ac fidei Christianae causa tractatur, intrepide, sicut regalis prouidentia conpromisit, necesse est quod conpetit suggeratur. Nuper potestas regia per Uitarit notarium paruitatem meam ammonere dignata est, qui nobis merito religionis ac fidei praeceptum eius in ecclesia praesente clero et plebe recensuit. Ex cuius tenore cognouimus ad omnes coëpiscopos meos praeceptum regium similiter emanasse, ut die constituta pro disputatione fidei ueniatur; quod nos uenerabiliter accepisse suggessimus. Cui praefato notario humilitas mea suggessit, debere etiam transmarinarum omnium partium, qui nobiscum sunt in una religione uel communione consortes, agnoscere, quia ubique regno eius obtemperant uniuersi; maxime quod totius mundi sit causa, non specialis
42 prouinciarum Africanarum tantummodo. Et quia secundo responso suggerendam me promisi oblaturum, merito suppliciter peto magnificentiam tuam, ut ad domni et clementissimi regis aures memoratam suggestionem meam perferre digneris, quo eius clementia dignanter agnoscat, nos disputationem legis cum adiutorio dei nullatenus declinare uel fugere, sed sine uniuersitatis adsensu nos non debere asserendae fidei nostrae causas adsumere. Quod petimus ut benignitate quantus est et

1 quasi diceret . . . nolumus *om.* *Wβ* 2 quod *P* 3 nisi ut *W* 4 daretur] daretur epła *M* textu epła scripta *W* *in a post* daretur *spatium 9—10 litt. uac. relict.* calamitas. Tunc sancti (sancto *P*²*b*) eugenio rationabilis causa uisa est si cor barbarum molliretur suggerendo si legenda daretur tali textu epistola conscripta *sic β mendosissime* 5 uitae causa tractatur aeternae *a* 8 uuitarith *W* paritatem *b* admonere *WaPb* 9 merito ac religionis fidei (fide *C*) *BφWa* 11 simile *W* 14 transmarinum *VC*¹*M* 15 regione *b* 16 eius *om.* *β* obtemporant *VC* 18 africanum *BVC* tantumodo *W* 19 suggerendo *W* suggerenda *Msa* suggerendum *β* oblatarum *b* suppliter *W* 20 peto] precor *β* domini *ab* 22 asnoscat *B* 24 adserendae *β* 25 quantus] qua tantus *β*

iustitia sapientiae suae dignetur annuere. Data ab Eugenio
episcopo ecclesiae catholicae Carthaginis'.

(II, 15) Sed cum haec suggestio a beato Eugenio offerretur, 43
ille iam qui c o n c e p e r a t d o l o r e m, urguebatur i n i q u i t a t e m
grauius p a r t u r i r e, et ita sancto uiro Eugenio episcopo per
Obadum praepositum regni sui mandasse uidetur: 'subde mihi
uniuersum orbem terrarum, ut sub potestate mea totus mundus redigatur, et facio, o Eugeni, quod dicis'. Ad quod beatus
Eugenius respondit ut potuit: 'quod rationem', inquit, 'non
habet, dici non debuit: sic est hoc quomodo si dicatur homini,
ut per aëra feratur et uolitet, quod moris non est humanae
naturae. Dixi enim: si nostram fidem, quae una et uera est,
potestas regis cognoscere desiderat, mittat ad amicos suos:
scribam et ego fratribus meis, ut ueniant coëpiscopi mei, qui
uobis nobiscum communem fidem nostram ualeant demonstrare,
et praecipue ecclesia Romana, quae caput est omnium ecclesiarum'. Ad haec Obadus: 'ergo tu et domnus meus rex similes 44
estis'? Eugenius episcopus dixit: 'ego non sum similis regis,
sed dixi: si ueram cognoscere desiderat fidem, scribat amicis
suis, ut dirigant nostros catholicos episcopos, et ego scribo
coëpiscopis meis, quia catholicae uniuersae una est causa'.
Hoc agebat Eugenius, non quia deessent in Africam, qui aduersariorum obiecta refellerent, sed ut illi uenissent, qui alieni
ab eorum dominatu maiorem fiduciam libertatis haberent

4 Ps. 7, 15.

3 offeretur *VC* offerereretur *W* 4 ille *om. b* dolum *M* 5 in grauius *a* uiro *om. Ms* 6 cubadum *β* sude *P* 7 suppotestate *W* totus *om. W* 8 o *om. Wβ* 9 inquid *BVC* 10 dicit *W* hoc *om. a* quomodo] modo *β* 11 uolitet] uolit C^1 uolet *b* uolet et *PR* 12 uera] uera fides *β* 14 scribo *β* episcopi *b* mei] nostri *β* 16 ecclesiae romanae *b* capud *BVC* est capud *a* omni *W* 17 cubadus *β* dominus *mss praeter B* 18 eugenus *V* regi C^2W similis regi non sum *a* regis (regi *b*) similis non sum *β* 19 ueram] uestram *V* nostram *CMs* 21 episcopis *β* causa] cura $B\varphi L$ uel causa cura *W* 22 aiebat V^1Ms quia] quod *β* dessent *a* africam BV^1: africa *rell.*

pariterque oppressionis nostrae calumnias uniuersis terris et populis nuntiarent.

45 (II, 16) Ille autem, qui nectabat dolos, audire noluit rationem. agens argumentationibus crebris, ut quoscumque episcoporum audierat eruditos, uariis insectationibus agitaret. Iam ad exilium Uibianensem Secundianum inpositis CL fustibus miserat episcopum, nec non et Sufetulensem Praesidium, uirum satis acutum. Tunc et uenerabiles Mansuetum, Germanum, Fusculum

46 et multos alios fustigauit. Dum haec geruntur, imperat ut cum nostrae religionis illorum mensam nullus communem haberet neque cum catholicis omnino uescerentur. Quae res non ipsis aliquod praestitit beneficium, sed nobis maximum contulit lucrum. Nam si *sermo eorum*, dicente apostolo, *sicut cancer consueuit serpere*, quanto magis communis mensa ciborum poterit inquinare, cum dicat idem apostolus, *cum nefariis nec cibum habere communem*.

47 (II, 17) Sed cum ignis iam persecutionis accenderetur et flamma infestantis ubique regis arderet, ostendit deus noster quoddam miraculum per seruum suum fidelem Eugenium. quod praeterire non debeo. Fuit in eadem ciuitate id est Carthagine quidam caecus ciuis ciuitatique notissimus, nomine Felix. Hic uisitatur a domino diciturque ei nocte per uisum. dies enim Epifaniorum inlucescebat: 'surge, uade ad seruum meum Eugenium episcopum, et dices ei, quia ego te ad illum direxi. Et illa hora, qua benedicit fontem, ut baptizentur

13 II Tim. 2, 17. 16 I Cor. 5, 11.

1 calumniam β 3 nectæbat *VC*[2] nectebat *WMsaP*[2] *fort. recte* 5 insectionibus *W* 6 uibionensem *M* uibianense *a* uiuianensem β Secundianum *ego: cf. Not. prou. Byz. 72:* secundi (secundo *b*) donationum (donatianum *W*β) *mss* 7 sufeculensem *W* fusetulensem *a* suffetulensem *b* satis *om.* β 8 tum *Ms* 9 gerentur *VC*[1] agerentur *Ms* 10 cum *om.* *WMs*β religio *PR* religione *b* religionis ·x· uiris (*sic*) *a* mensa nullum β 15 potuit β 16 nes *P* ne *b* *ex corr.* 19 eugenium *om.* β 21 ciuis ciuitatique] cuius (huius *b*) ciuitati β 23 epiphaniae *Ms* inlucesscebat *VC*[1] illuscescebat *a* lucescebat β uade] et uade *M*β 25 benedicet *aP*[2]*b*

accedentes ad fidem, continget oculos tuos; aperientur et
uidebis lumen'. Qui tali uisitatione commonitus, putans se, 48
quomodo adsolet, deludi per somnium, surgere noluit caecus;
sed cum iterum uergeretur in somnos, similiter ut ad Eugenium
pergeret compellitur. Rursus neglegit tertioque festinanter et
grauiter increpatur. Excitat puerum, qui ei solitus erat manum
porrigere, pergit ueloci agilitate ad Fausti basilicam, orat ueniens
cum ingentibus lacrimis, suggerit cuidam diacono, nomine
Peregrino, ut eum episcopo nuntiaret, indicans se habere ali-
quod secreti genus intimandum. Audiens episcopus iussit ho- 49
minem introire; iam enim ob celebritatem festiuitatis hymni
nocturni per totam ecclesiam canente populo concrepabant.
Indicat caecus antistiti ordinem uisitationis suae dicitque illi:
'non te dimittam, nisi mihi, sicut a domino iussus es, reddi-
deris oculos meos'. Cui Eugenius sanctus: 'recede a me, frater;
peccator sum et indignus et super omnes homines delinquens,
utpote qui et in haec tempora seruatus sum'. Ille autem 50
tenens genua eius aliud non dicebat nisi illud quod iam
dixerat: 'sicut iussum est, redde mihi oculos meos'. Adtendens
quoque Eugenius in uerecundam credulitatem, et quia iam
tempus urguebat, pergit cum eo metante officio clericorum
ad fontem. Ubi fixis genibus cum ingenti gemitu, pulsans
singultibus caelum, crispantem benedixit alueum fontis; et
cum conpleta surrexisset oratione, ita caeco respondit: 'iam
tibi dixi, frater Felix, peccator ego homo sum; sed qui te
uisitare dignatus est, praestet tibi secundum fidem tuam et
aperiat oculos tuos'. Simulque uexillo crucis consignans oculos

1 aperiantur BVC^1 ut aperiantur C^2 et aperientur *Msab* 2 qui cum tali u. c. est putat se *β* 3 uoluit *PR* 4 urgeretur *a* 5 rursum *β* 6 imp̄catur *M* 7 uoloci *a* ad] a *b* et orat *b* 9 aliquid *β* 10 iussit *om. W* 11 celebritatem *W Msa* celeritatem *rell.* 12 increpabant *β* 13 antisti *PR* 14 redderis *b* 15 sanctus eugenius *a* 16 dilinquens B^1 17 qui et] qui *a* in hoc tempore *β* 18 ienua *P* 20 in uerecundam *Mommsenus:* inuerecundam *mss* crudelitatem *WP* 21 metante] comitante *Msa* meditante *W* clericorum] ſc̄lorum *W* 23 benedixi *W* alueum fontis] aculae (*i. e.* aquulae) fontem *β* 25 ego *om. a* 26 tibi] tibi dominus *β*

eius, statim caecus uisum domino reddente recepit. Quem
secum, quousque uniuersi baptizarentur, ibi detinuit ob hoc, ne
tanto miraculo populus excitatus uirum contereret, qui receperat
51 lumen. Fit postea manifestum ecclesiae uniuersae. Procedit
ad altare cum Eugenio, sicut moris est, qui fuerat caecus,
suae salutis oblationem domino redditurus; quam episcopus
accipiens altari imposuit. Fit strepitus gaudio metante in-
reuocabilis populorum. Statim nuntius pergit ad tyrannum;
rapitur Felix, inquiritur ab eo quid factum sit qualiterque
receperit lumen. Dicit illi ex ordine totum dicuntque Arria-
norum episcopi: 'hoc Eugenius per maleficia fecit'. Et quia
oppressi confusione lumen non poterant nubilare, eo quod
Felix uniuersae ciuitati manifestus esset et notus, tamen uole-
bant eum, si fas esset, necare, quomodo Iudaei suscitatum
Lazarum cupiebant occidere.

52 (II, 18) Adpropinquabat iam futurus dies ille calumniosus
a. 484 Kalendarum Februariarum ab eodem statutus. Conueniunt non
solum uniuersae Africae, uerum etiam insularum multarum
episcopi, afflictione et maerore confecti. Fit silentium diebus
multis, quousque peritos quosque et doctissimos uiros exinde
separaret calumniis adpositis enecandos. Nam unum ex ipso
choro doctorum, nomine Laetum, strenuum atque doctissimum
uirum, post diuturnos carceris squalores incendio concremauit,
aestimans tali exemplo timorem incutiens reliquos elisurum.
53 Tandem uenitur ad disputationis conflictum, ad locum scilicet
quem delegerant aduersarii. Uitantes igitur nostri uociferationis
tumultus, ne forte postmodum Arriani dicerent, quod eos

2 caecum *φ* ob hoc tanto m. p. e. comprimere uirum qui r. l. coeperunt *β* 3 populos *BV* 7 atari *W* inposuit *CP* metante] comitante *Ms* faciente *a* 9 rapitus *V* quit *W* 10 reperit *W* ille *β* 12 oppressione confusi *β* potuerunt *β* 14 necere *P*[1] 17 kalandarum *W* 18 insularu *W* 19 a-flictione *VC* affecti *a* 20 qui usque *P* 21 necandos *β* 22 letum *Mb* 23 diutunos *VC*[1] diutinos *C*[2] scalores *b* 24 timore *BV* aestimans quod tali e. t. excuteret reliquiis elesurum (reliquisse lesurum *b*) *β* 25 silicet *P* 26 nostrae *β* 27 tu-multus] stimulis *a*

nostrorum oppresserit multitudo, deligunt de se nostri, qui
pro omnibus responderent, decem. Conlocat sibi Cyrila cum suis
satellibus in loco excelso superbissimum thronum adstantibus
nostris, dixeruntque nostri episcopi: 'illa est semper grata
collatio, ubi superba non dominatur elatio, sed ex consensu
communi uenitur, ut cognitoribus discernentibus, partibus
agentibus, quod uerum est agnoscatur: nunc qui erit cognitor,
qui examinator, ut libra iustitiae aut bene prolata confirmet
aut praue adsumpta refellat'? Et cum talia et alia dicerentur, 54
notarius regis respondit: 'patriarcha Cyrila dixit aliquos'.
Superbe et illicite sibi nomen usurpatum nostri detestantes
dixerunt: 'legatur nobis quo concedente istud sibi nomen
Cyrila adsumpsit'. Et exinde strepitum concitantes calumniari
aduersarii coeperunt. Et quia hoc nostri petierant, ut saltem,
si examinare non licebat prudenti multitudini, uel exspectare
liceret, iubentur uniuersi filii catholicae ecclesiae qui aderant
centenis fustibus tundi. Tunc clamare coepit beatus Eugenius:
'uideat deus uim quam patimur, cognoscat afflictionem perse-
cutionum, quam a persecutoribus sustinemus'. Conuersique 55
nostri Cyrilae dixerunt: 'propone quod disponis'. Cyrila dixit:
'nescio Latine'. Nostri episcopi dixerunt: 'semper te Latine

1 nostr. oppr. mult.] aliquis nostrorum oppresserit *β* diligunt *P*¹*R* 2 colocat *V* cyrilla *C*²*a* cirilla *M* cirila *b* 3 satellibus *BVC* (*Commodian. Instr.* II, 12, 14): satellitibus *rell.* colo *W* asstantibus *C* 4 ille *b*¹ illo *Pb*²*R* est *om. W* grata collatio] tracta collocutio *β* 5 elatio] potestatis elatio *β* 7 nunc] nunc autem *β* 8 ut] uel *VC*¹ qui *C*² libram *φ β* prolatam *φ* 9 praue *L*: prauam *B φ a* praua *W* probra *β* adsumptam *BVC* assumptam *Msa* assumpta *L β* 10 cirila *C* cyrilla *Ma*: *om. P* aliquos . . . dixerunt *om. BVC*¹*MsL*: Ad hec a nostris dictum est *C*² dixit legatur nobis. Quo concedente istud sibi nomen cyrila adsumpsit. Qđ superbum et illicitum sibi nomen usurpat. nostri detestati dixerunt. Et exinde *et rel. sic W* aliquis *ab* 11 detestantes *a*: destantes *b* destanti *PR* 12 legat *C* 13 cyrilla *Ma* cyrila nomen *β* et *om. φ* 14 aduersario *PR* 15 expectare *mss praeter B* 16 adherant catenis *P* 18 afflictionem persecutionum *scripsi; cf. Indic. III 'synonymorum coaceruatio'*: afflictionem persecutionem *α* afflict. persecutionis *W* afflictionem *β* 20 cyrillae *et* cyrilla *Ma* 21 dixerunt episcopi *β* te *om. b*

esse locutum manifesto nouimus; modo excusare non debes, praesertim quia tu huius rei incendium suscitasti'. Et uidens catholicos episcopos ad conflictum magis fuisse paratos, omnino audientiam diuersis cauillationibus declinauit. Quod ante nostri praeuidentes libellum de fide conscripserant satis decenter sufficienterque conscriptum, dicentes: 'si nostram fidem cognoscere desideratis, haec est ueritas quam tenemus'.

LIBER FIDEI CATHOLICAE.

56 (III, 1) Regali imperio fidei catholicae, quam tenemus, praecipimur reddere rationem; ideoque adgredimur pro nostrarum uirium mediocritate, diuino fulti adiutorio, quod credimus uel praedicamus, breuiter intimare. Primum igitur de unitate substantiae patris et filii, quod Graeci omousion dicunt, exponendum nobis esse cognoscimus. Patrem ergo et filium et spiritum sanctum ita in unitate deitatis profitemur, ut et patrem in sua proprietatis persona subsistere et filium nihilominus in propria extare persona atque spiritum sanctum personae suae proprietatem retinere fideli confessione fateamur, non eundem asserentes patrem quem filium neque filium confitentes qui pater sit aut spiritus sanctus, neque ita spiritum sanctum accipimus ut aut pater sit aut filius: sed ingenitum

1 manifeste *WMsβ* excusari *a* 5 conscripserunt *β* 7 tenemus. Explicit liber II (*om. Msβ*). Incipit liber fidei catholicae (fidei catholicae liber *VCs*) *BVCWsaβ*. Liber incipit fidei catholicae *M*

A = lectiones codicis Laudunensis 113 s. IX, ab Halmio collati.

Incipit libellus episcoporum catholicorum ad hunericum regem uuandalorum datum *A* 9 tenemur *BV* 11 auxilio *A* quae *A* 12 leuiter *Pb* 13 homousion *A semper et a hic* omousyon *W* 14 cognoscimur *A* 16 proprietate personae *β* nihil hominus *Wb* 17 excitare *VC*[1] 18 proprietate *C*[2] retineri *BVCs* 19 asserentes *mei*: adserentes *Halmius* neque filium] neque eundem filium *A* 20 qui] quia *PR* sit *om. A* ita *om. β*

patrem et de patre genitum filium et de patre procedentem
spiritum sanctum unius credimus esse substantiae uel essentiae,
quia ingeniti patris et geniti filii et procedentis spiritus sancti
una est deitas, tres uero personarum proprietates. Et quia 57
contra hanc catholicam uel apostolicam fidem exorta heresis
nouitatem quandam induxerat, adserens filium non de patris
substantia genitum, sed ex nullis extantibus id est ex nihilo
substitisse, ad hanc impietatis professionem, quae contra fidem
emerserat, refellendam et penitus abolendam omousion sermo
Graecus positus est, quod interpretatur unius substantiae uel
essentiae, significans filium non ex nullis extantibus nec ex
alia substantia, sed de patre natum esse. Qui ergo putat
omousion auferendum, ex nihilo uult adserere filium extitisse.
Sed si ex nihilo non est, ex patre sine dubio est et recte
omousion, id est unius cum patre substantiae, filius est.

(III, 2) Ex patre autem esse, id est unius cum patre sub- 58
stantiae, his testimoniis adprobatur, apostolo dicente: qui
cum sit splendor gloriae et figura substantiae eius,
gerens quoque omnia uerbo uirtutis suae. Et iterum
ipse deus pater incredulorum perfidiam obiurgans, qui praedicantis per prophetas fili uocem in sua substantia manentem audire noluerunt, dixit: non audierunt uocem substantiae. Quam uocem substantiae contemptam terribili contestatione increpans ad eundem prophetam loquitur dicens: super montes accipe planctum et super semitas

17 Hebr. I, 3. 22 Hierem. 9, 10. 25 l. c.

1 de patre et (ac *W* et de *P*) filio procedentem *Wβ* 2 sanctum spiritum *P* 5 exhorta *BVC*[1]*W* 7 substatia *W* genitum] natum *A* 8 hanc ergo *W* 9 obolendam *PR* 11 exsentiae *B* 12 ex patre *P* natus *BV*[1] 13 aufferendum *P* 14 si *om. a* 15 id est *om. b* 17 abprobatur *A* 18 eius *om. A* 19 generans *W* gerensque *a* uerba *VC*[1] 21 filii *mss praeter BV*[1]*L* 22 substantiae] substantiae meae *A*; *at Graece* ὑπάρξεως 23 uoce *W* contemptam *bA*: contentam *PR* con tam *BV*[1] cum tam *V*[2]*CWMsaL* teribili *W* intestatione *αW* 24 propheta *W* 25 accipite *A* plactum *W* semitas deserti *WAs*[2]: semitę desertę (deserte *V*) *BV*[1] semitas desertas *V*[2]*CMs*[1] semitam desertam *a* semitam deserti *β*

deserti luctum, quia defecerunt, eo quod non sint homines: non audierunt uocem substantiae a uolatilibus caeli usque ad pecora. Et rursum eos, qui a professione unius substantiae declinantes in eadem fidei substantia stare noluerunt, increpat dicens: si stetissent in substantia mea, auertissem utique eos a uia sua mala et a pessimis cogitationibus suis. Et iterum non extra substantiam patris filium confitendum, sed in eadem fideliter mentis oculis contuendum apertissime declaratur, dum dicit propheta: quis stetit in substantia domini et
59 uidit uerbum eius? Patris ergo substantiam filium esse propheticis iam olim designatum est oraculis dicente Salomone: substantiam enim et dulcedinem tuam, quam in filios habes, ostendebas, quam in figura et imagine panis caelestis populo Israhel caelitus apparet profluxisse. Quod ipse dominus in euangelio exposuit dicens: non Moyses dedit uobis panem de caelo, sed pater meus dat uobis panem de caelo, se utique panem esse designans, cum dicit: ego sum panis uiuus, qui de caelo descendi; de quo etiam propheta Dauid dicit: panem angelorum manducauit homo.

60 (III, 3) Namque ut adhuc euidentius patris et filii substantiae unitas et diuinitatis aequalitas ostendatur, ipse in

5 Hierem. 23, 22. 10 Hierem. 23, 18. 13 Sap. 16, 21. 16 Ioh. 6, 32. 18 Ioh. 6, 41. 20 Ps. 77, 25.

2 non *om.* *PR* nec audierunt *b* substantiae meae *A* a] e *W* 3 caeli *om.* *P* pecora (ἕως κτηνῶν) $CWaP^2bR$: pecore BV^1 *et* P^1 *ut uid.* pecus V^2Ms pecorem *A* quia professio BV^1 4 eandem *Ab* 5 substantiam Ab^2 stare *om.* *A* uoluerunt *P* 6 mea et aduertissent uerba mea auertissem *A* 8 substantia BVC^1 9 oculo *A* fideliter (fideli *b*) mente cont. *β* declarat *W* 10 dicitur per prophetam *β* qui *WβA* 11 uidit] audiuit *A* (*Graec.* εἶδε) substantia *BVCM* 12 prophetis BV^1 propheti *W* 13 substantia BV^1 14 filio *WA* habes in filios *a* quam] qui *W* 15 israhel *MP* (*per comp.* ifrł *script. in* *BVWCsb*) 16 diens *V* dedit nobis *C* 17 dat panem uobis *φ* 19 per prophetam *b* 20 dauid *om.* *β* 21 substantia $BVCs^1\beta$ 22 et *om.* *A* diuinitas *BφWP* aequalis *W* et aequalitas Ms^2 aequalitasque *a*

euangelio dicit: ego in patre et pater in me, et: ego et pater unum sumus. Quod non ad unitatem tantummodo uoluntatis, sed ad unam refertur eandemque substantiam, quia non dixit 'ego et pater unum uolumus', sed 'unum sumus'. Ex eo enim quod sunt, non ex eo tantum quod uolunt, paternae unitatis declaratur adsertio. Item Iohannes euangelista dicit: propterea quaerebant eum Iudaei interficere, quia non solum soluebat sabbatum, sed et patrem suum dicebat deum, aequalem se faciens deo. Quod utique non ad Iudaeos est penitus referendum, quia euangelista uera-
citer dixit de filio, quia aequalem se faciebat deo. Item in 61
euangelio scriptum est: quaecumque pater facit, eadem et filius facit similiter. Et: sicut pater suscitat mortuos et uiuificat, ita et filius quos uult uiuificat. Item: ut omnes honorificent filium, sicut honorificant patrem; aequalis enim honor nonnisi aequalibus exhibetur. Item ibi filius ad patrem dicit: omnia mea tua sunt et tua mea. Item: Philippe, qui me uidit, uidit et patrem, quomodo tu dicis: ostende nobis patrem? Hoc non dixisset, nisi patri per omnia fuisset aequalis. Item ipse dominus dicit: credite in deum, et in me credite.
Et adhuc, ut unitatem aequalitatis demonstraret, ait: nemo 62
nouit filium nisi pater, neque patrem quis nouit nisi filius et cui uoluerit filius reuelare. Et sicut

1 Ioh. 14, 10 et 10, 30. 7 Ioh. 5, 18. 12 Ioh. 5, 19. 13 Ioh. 5, 21. 15 Ioh. 5, 23. 17 Ioh. 17, 10. 18 Ioh. 14, 9. 21 Ioh. 14, 1. 22 Mt. 11, 27.

1 ego in patre et pater in me *om.* *α* et ego] ego *MaL* est. ego enim *A* est. Et: ego *v* 3 uolũ//tatis *B*, n *eras.* 4 sed] quod *A* 7 propterea ergo *βA* 8 sabatum *W* 10 est pęnitus est *BV*[1] penitus est *V*[2]*CWa* ueratiter *W* 11 aequale *B* deo se faciebat *β* in] in eodem *A* 13 facit. Similiter et *B* *φa* 14 uul *W* 15 Item] ita *φ* item in euangelio *A* 17 exibetur *BVCW* ibi] in euangelio *A* 18 et tua] et omnia tua *P* filippe *P* me uidet uidet *V*[2]*Csa* uidet me uidet *MP* me uidet *b* 19 quomodo .... patrem *om.* *β* 21 credite in d.] creditis in deum *Ws*[2]*aPbA; sed cf. Graec.* πιστεύετε 22 adhuc ut *V*[2]*CMsL*: adhuc *BV*[1] ut adhuc *rell.*

filius cui uult reuelat patrem, ita et pater reuelat filium, sicut ipse Petro ait confitenti eum Christum filium dei uiui: beatus es, inquit, Simon Bar Iona, quia caro et sanguis non reuelauit tibi, sed pater meus, qui in caelis est. Et iterum filius dicit: nemo uenit ad patrem nisi per me, et: nemo uenit ad me, nisi pater, qui misit me, adtraxerit eum; unde claret aequalitatem patris et fili ad se inuicem credentes adducere. Item dicit: si cognouissetis me, et patrem meum utique cognouissetis: et a modo nostis eum et uidistis eum.

63 (III, 4) Uerum quia duas in filio profitemur esse naturas, id est deum uerum et hominem uerum, corpus et animam habentem: quicquid ergo excellenti sublimitatis potentia de eo referunt scripturae, admirandae eius diuinitati tribuendum sentimus; et quicquid infra honorem caelestis potentiae de eodem humilius enarratur, non uerbo deo, sed homini reputamus adsumpto. Secundum diuinitatem ergo est hoc, quod superius diximus, ubi ait: ego et pater unum sumus, et: qui me uidit, uidit et patrem, et: omnia quaecumque pater facit, eadem et filius facit similiter,
64 uel cetera quae superius continentur. Illa uero, quae de eo secundum hominem referuntur, ista sunt: pater maior me

3 Mt. 16, 17. 5 Ioh. 14, 6. 6 Ioh. 6, 44. 9 Ioh. 14, 7. 22 Ioh. 14, 28.

1 pater] patrẽ *B et V¹ ut uid.* 2 uiui] uiui esse *WA* 3 inquid *C* simon *BWPA:* symon *rell.* 5 est *om. a* est in caelis *W* 7 eum] ad eum *BV¹* aequalitas *WA* 8 fili] *sic BV¹* ad se] cum ad se *A* adducunt *A* dicitur *PR* 10 nostis] cognoscetis *A* (*Graec.* γινώσκετε) 13 habentem confitentes *A* ergo *in A erasum* excellentis *Wβ* potentia de eo] potenti deo *W* 14 refertur *W¹* tribuendam *P* 15 honore *W* 16 enarrantur *BV¹* narratur *β* uerbo dei *V²WMsaβ* uero deo *V ex altera correctione* homine *BVC¹s¹* deputamus *A; cf. Indic. III s. v.* reputare 17 diuinitate *B* hoc *om. φ* 19 me uidet uidet *V²CMsaPb* 20 facit filius *a* facit. Similiter *BVW* 21 uere *BV¹* 22 secundum hominem *om. α:* referuntur sec. hom. *W* de infirmitate eius r. *M* sec. hom. dicuntur *s² in ras.; in C m. rec. in marg. addit.* secundum humanitatem ista] ita *PRA*

est, et: non ueni facere uoluntatem meam, sed
uoluntatem eius qui misit me, et: pater, si fieri
potest, transeat a me calix iste; uel cum de cruce dicit:
deus, deus meus, quare me dereliquisti? et iterum ex
persona fili propheta dicit: de uentre matris meae deus
meus es tu, uel cum minor angelis indicatur, et quam
plura his similia, quae studio breuitatis non inseruimus. Filius 65
ergo dei nullis condicionum necessitatibus obstrictus, sed libera
diuinitatis potentia ita quae nostra sunt mirabili pietate ad-
sumpsit, ut a suis quae diuina sunt omnino non destiterit,
quia diuinitas nec augmentum admittit nec patitur detrimentum.
Unde gratias agimus domino nostro Iesu Christo, qui propter
nos et propter nostram salutem de caelo descendit, sua pas-
sione nos redemit, sua morte uiuificauit, sua ascensione glori-
ficauit; qui sedens ad dexteram patris uenturus est iudicare
uiuos et mortuos, iustis aeternae uitae praemium largiturus,
impiis atque incredulis merita supplicia redditurus.

(III, 5) Profitemur itaque patrem de se ipso, hoc est de id 66
quod ipse est, sempiterne atque ineffabiliter filium genuisse:
non extrinsecus, non ex nihilo, non ex alia genuisse materia,
sed ex deo natum esse. Et qui de deo natus est, non aliud
est quam id quod pater est, et idcirco unius substantiae est,
quia ueritas natiuitatis diuersitatem non admittit generis. Nam
si alterius a patre substantiae est, aut uerus filius non est aut,

1 Ioh. 6, 38. 2 Mt. 26, 39. 4 Mt. 27, 46. 5 Ps. 21, 11. 6 cf. Ps. 8, 6.

2 uoluntatem *post* sed *om.* *a* me misit *Pb* 3 post *W* cum *om.* *a* 4 deus meus es tu quare *a* 5 fili] *sic* BV^1A^1 matris *om.* *P* 6 iudicatur *φ* et quam plura] quam pl. et *β* 7 brebitatis BV^1 9 itaque *PR* pietatis b^1 10 non *om.* V^1 11 nec] non *P* aucmentum *BV* augumentum C^1 aumentum ammittit *A* 12 domino] eidem domino *A* 13 de caelo *om.* *β* descendit et sua *A* 15 dextram *VMs* 18 de *ante* id *om.* *W* id] eo V^2CMsa *et A ex corr.* 19 est] ẽẽ *W* 20 alia] aliqua *A* genuisse] subiacente *β* subiacenti *A* matheria *P* 23 natiuitatis] diuinitatis *Ms* 24 a patre alterius *b* substantiae est non est uerus filius sicut iohannes ait *β* *ceteris omissis*

quod nefas est dicere, degener natus est. Est enim uerus filius,
67 sicut Iohannes ait: ut simus in uero filio eius. Non
est etiam degener, quia deus uerus de deo natus est uero, sicut
idem Iohannes euangelista sequitur dicens: hic est uerus
deus et uita aeterna; et ipse dominus in euangelio: ego
sum uia, ueritas et uita. Ergo si aliunde substantiam non
habet, de patre habet; si de patre habet, unius substantiae
cum patre est. Sed si unius substantiae non est, ergo non de
patre, sed aliunde est; quoniam unde est, inde substantiam
habeat necesse est. Omnia enim ex nihilo, filius uero de patre;
de duobus eligat quis quod uelit, aut det ei substantiam de
patre, aut fateatur ex nihilo substitisse.

68 (III, 6) Sed propheticum forsitan obicitur testimonium: generationem autem eius quis enarrauit? Cum ergo non dixerim: enarra mihi modum uel qualitatem diuinae generationis et tanti secreti arcanum humanis uerbis enuntia, quoniam unde natus sit requisiui — diuina enim generatio inenarrabilis est, non ignorabilis —: nam usque adeo non est ignorabilis, id est non ignoratur unde sit, ut et pater de se ipso genuisse et filius de patre se natum saepissime protestetur, quod nullus omnino ambigit Christianus, sicut in euangelio demonstratur ipso filio dicente: qui autem non credit, iam iudicatus est, quia non credidit in nomine unigeniti fili dei. Item Iohannes euangelista dicit: et uidimus

2 I Ioh. 5, 20. 4 l. c. 5 Ioh. 14, 6. 14 Esai. 53, 8. 22 Ioh. 3, 18. 24 Ioh. I, 14.

1 non fas *φ* degeneratus *a* 3 etiam] aliunde etiam *a* uerus] uerus est *W* 4 iohannis BV^1 exsequitur V^2CMs 6 uia et ueritas *b* 7 de patre habet *ante* si *om.* *β* 8 ergo non] ergo non est *A* 10 ut habeat *W* 11 de *ante* duobus *om.* *b* quis] quisque *βA* 14 enarrabit *mss praeter BVW* 16 et in tanti *BVCs* archanum *WMsaβ* archano *C* 17 unde natus sit non quemadmodum natus sit requisiui *A* sit natus *a* 18 nam usque . . . ignorabilis *om.* *β* 19 et ut VC^1 et *om.* *M* de ipso *b* 21 omno *W* Christianus ambigit *a* 23 quia non credidit (πεπίστευκεν) *BφabA* quia n. credit *rell.* unigeniti *om.* *φ* 24 fili] *sic B*

gloriam eius, gloriam tamquam unigeniti a patre.
Ergo professionem nostram breui sermone concludimus. Si uere 69
de patre natus est, unius substantiae est et uerus filius est;
sed si unius substantiae non est, nec uerus deus est. Aut si
uerus deus est et tamen de patris substantia non est, ingenitus
ergo et ipse est. Sed quia ingenitus non est, factura ergo
est, ut putetur aliunde subsistens, si de patris substantia non
est. Sed absit hoc ita credere. Nos enim unius substantiae
cum patre filium profitemur, detestantes Sabellianam heresem,
quae ita trinitatem confundit, ut eundem dicat esse patrem
quem filium eundemque credat esse spiritum sanctum, non
seruantes tres in unitate personas.

(III, 7) Sed forsitan obicitur: Cum ingenitus pater sit, 70
genitus filius, non fieri posse unam eandemque esse substantiam
geniti atque ingeniti — cum utique, si ut ingenitus pater est,
ingenitus esset et filius, tunc magis diuersa posset esse substantia, quia unusquisque a se ipso subsistens communem substantiam cum altero non haberet —: cum uero ingenitus pater de se ipso, id est de id quod ipse est (si, quid illud est, aut dici potest, immo quia, ut est, dici omnino non potest) filium generauit, apparet una esse gignentis genitique substantia, quia deum de deo, lumen de lumine filium esse ueraciter pro-
fitemur. Nam lucem esse patrem Iohannes apostolus testis est 71

2 si] sicut *A* 3 substantię et uere filius *b* 4 sed si u. s. non est *om. A*, *qui pro his praebet:* et si uerus filius non est nec uerus deus non est V^1 5 deus *om. b* est *ante* et tamen *om. A* substantię *b* unigenitus *M bis* 7 putetur *Cβ*A^2 putatur *rell.* 9 heresim V^2*CWMsa*P^2*b*A^2 10 sanctam trinitatem *a* esse patrem quem filium eundemque credat *om. Pb* 12 seruans *βA; cf. Indic. III 'constructio ad sensum'* in unitate] unitates *b* 13 obici|citur *B* 14 eademque *B*V^1 15 ingeniti atque geniti *a* si ut *ed. princ.*: sicut *mei* si sicut s^2v 16 possit *B*V^1*aL* 17 ipo *W* 19 de se ipso genuit filium id est de hoc quod *W* de eo V^2*CMsaL*A^2 20 ut est *om. W* omnia *B* V^1*L; cf. Indic. III s. v.* per omnia V^2*Ms* 21 una . . . substantia *BVCW* (*Augustin. C. D. XIII, 9*; *Commodian. Instr. I, 14, 1*): unam . . . substantiam *rell.* 22 ueratiter *VW* 23 iohannis *B*$V^1$$A^1$ testatus *Wa* testis est apostolus *P*

dicens: quia deus lux est et tenebrae in eo non sunt ullae. Item de filio ait: et uita erat lux hominum, et lux in tenebris lucet, et tenebrae eam non conprehenderunt. Et infra: erat lumen uerum, quod inluminat omnem hominem uenientem in hunc mundum. Unde apparet patrem et filium unius esse substantiae, dum lucis et luminis diuersa non potest esse substantia, eius scilicet quae de se gignit et quae de gignente existit. Denique ne aliquis inter patrem et filium diuersitatem naturalis luminis introducat, ideo apostolus de eodem filio dicit: qui cum sit splendor gloriae et figura substantiae eius. In quo euidentius et coaeternus patri et inseparabilis a patre et unius cum eo esse substantiae perdocetur, dum luci splendor semper est coaeternus, dum splendor a lumine numquam est separatus, dum splendor a luce natura substantiae numquam potest esse diuersus. Qui enim splendor lucis est, idem et dei patris uirtus est; sempiternus ergo propter uirtutis
72 aeternitatem, inseparabilis propter claritudinis unitatem. Et hoc est quod nos fideliter profitemur, filium de patris substantia natum, sicut ipse pater deus apertissimum perhibet testimonium. Qui ut de sua ineffabilis naturae substantia proprium filium genuisse monstraret, ad instruendam fragilitatis nostrae imperitiam, ut nos ex uisibilibus ad inuisibilia erigeret, terrenae natiuitatis uocabulum ad diuinae generationis traxit exemplum dicens: ex utero ante luciferum genui te. Quid clarius,

1 I Ioh. 1, 5. 2 Ioh. 1, 4—5. 4 Ioh. 1, 9. 11 Hebr. 1, 3. 25 Ps. 109, 3.

1 quia *om.* β 5 homine *W* 6 filius *W* 8 silicet *W* scilicet qui *P* de se gignente *A* 9 existi *W* 10 introducit V^1 12 et uidentius *W* quoaeternus *WP* 13 a *om.* BV^1 14 lucis $BVC^1Ms^1b^1A^1$ 15 lucis *a* natura substantiae Ws^2L: nat. substantiam BV^1 n. substantia V^2CMs^1 nature substantia *a* n. a (ac *b*) substantia β n. uel substantia *A* 16 esse potest *W* esse *om. BV; in C s. l. addit. m. 1* 18 inseperabilis C^1 19 substantiã *P* 20 apertissime *W* 21 suae *M* inefabilis *W* 22 filium] se filium β*A* instruhendam *b* 23 imperitię BV^1 erieret *W* 24 natiuitas *W* exempum *W*

quid luculentius effari diuinitas dignaretur? quibus indiciis, quibus exsistentium rerum exemplis proprietatem generationis potuit intimare, quam ut per uteri appellationem proprietatem generationis ostenderet? non quia corporeis conpositus est membris aut aliquibus artuum liniamentis distinctus; sed quia nos aliter ueritatem diuinae generationis auditu mentis percipere non possemus, nisi humani uteri prouocaremur uocabulo, ut ambigi ultra non possit, de dei substantia natum esse, quem constat de patris utero extitisse.

(III, 8) Credentes ergo deum patrem de sua substantia in- 73
passibiliter filium generasse, non dicimus ipsam substantiam aut diuisam esse in filio aut diminutionem pertulisse in patre et per hoc passionis potuisse uitio subiacere. Absit enim a nobis ut talia uel opinemur uel cogitemus de deo, quia nos perfectum patrem perfectum filium sine sui diminutione, sine aliqua deriuatione, sine omni omnino passionis infirmitate genuisse fideliter profitemur. Nam qui obicit deo, quia, si de se ipso genuit, diuisionis uitium pertulit, potest dicere quia et laborem sensit quando uniuersa condidit, et ob hoc die septima ab omni suo opere requieuit. Sed nec in generando de se ipso passionem uel diminutionem aliquam sensit nec in condendo uniuersa fatigationem aliquam pertulit. Namque ut 74
et euidentius nobis diuinae generationis inpassibilitas insinuaretur, deum ex deo, lumen ex lumine filium profitendum

1 lucentius *A* affari *β* iudiciis *P* 2 quibus *ante* existentium *om.* *P* 4 non qua *B* V^1 5 lineamentis *a* distictus *Wb* 6 ueritem *W* 7 humanis C^1 9 quem] quod *M* ex patris *a* 10 impossibiliter *β* inpassibiliter . ipsam substantiam *om.* *A* 12 diuisa *W* 13 uitio passionis potuisse *A* potuiss V^1 a *om.* *PR* 14 opinemus *P* 15 perfecctum C^1 sui *om.* *a* dimunutione *a* 16 diriuatione *WβA* omni *om.* *A* 17 quia si de se ipso genuit *βA* qui de ipso genuit *BVCsL* si de se ipso genuit *W* quod de ipso genitus *M* quod de se ipso genuit *a*: *fort. scrib.* quia de ipso genitu 19 et *ante* laborem *om.* *W* ab hoc *BVC* 20 septimo V^1 septyma *b* opere suo *aβ* quieuit *A* . 21 de ipso pasionem *P* 22 condenda *β* aliquam *om.* *φ* ut et] ut *A* 23 uidentius *W* inpossibilitas *b* 24 de deo *et* de lumine *φ*

accepimus. Si ergo in efficientia uisibilis ac mundani luminis tale aliquid non inuenitur, ut lumine ex lumine sumpto et per quandam generationis natiuitatem exorto ipsam luminis originem, quae ex se lumen aliud dedit, nec minui nec ullum omnino detrimentum ministrati ex se luminis perpeti pateat: quanto rectius et melius de diuini et ineffabilis luminis natura credendum est, quae ex se ipsa lumen generans minui omnino non potuit! Unde aequalis est patri filius, non natus ex tempore sed gignenti coaeternus, sicut splendor ab igne genitus gignenti manifestatur aequaeuus. Haec de patris et fili aequalitate uel de substantiae unitate, quantum breuitatis ratio siuit, dixisse sufficiat.

75 (III, 9) Superest ut de spiritu sancto, quem patri ac filio consubstantiuum credimus, coaequalem et coaeternum, dicamus et testimoniis adprobemus. Licet enim haec ueneranda trinitas personis ac nominibus distincta sit, non tamen ob hoc a se atque a sua aeternitate discrepare credenda est; sed manens ante saecula diuinitas in patre et filio et spiritu sancto uere ac proprie creditur nec diuidi nostris interpretationibus potest nec rursus uersa in unam personam trinitas ipsa confundi.
76 Haec fides plena, haec nostra credulitas est. Idcirco deos nec aestimari patimur nec uocari, sed unum deum in praedictis personis ac nominibus confitemur. Inenarrabilis enim diuinitas, non ut concludi aut adprehendi uel uocabulis posset, intra nomina personasque se praestitit; sed ut id quod erat esse

1 accipimus V^2CMsA efficientiã *A* 2 non *om.* $C^2\beta$ ut = ita ut 3 gnerationis *W* 4 minuit *WA* illum *A* 5 pateat *ego:* potuit *mss* 7 se *om. b* 8 patri filius] pater et filius *A* 9 igni *PR* 10 manifestetur BV^1WA^1 ę (e *M*) quibus *BVM* aequebus *A* equus *C ex corr.* coaeuus *β* fili] *sic BV* 11 breuitati *A* sinit *bL* fuit *M* sibi *A* 13 ut de] ut aliquid ex *β* 14 consubstantiũ V^1 15 adprouemus BV^1 16 hac nominis BV^1 17 atque sua *bA* 20 rusus *b* 22 aestimari *WA:* estimare *BφL* existimare *a* existimari *β* nec uocari *om. β* 24 non *om.* Ms^1 ut non *a* aut] uel *M* uocabilis *P* possit *βA* inter V^1C in V^2Ms 25 personas quae *BP* persona quę V^1 id *om. β*

nosceretur, intellegentiam sui ex parte, quam capere humanae mentis angustiae praeualebant, credentibus dedit propheta dicente: *nisi credideritis, non intellegitis.* Una est ergo trinitatis deitas et in huius uocabuli appellatione significatio est unius substantiae, non unius personae. Ad quam rem fidelibus conprobandam in testimonium sui diuinitas ipsa multis et creberrimis contestationibus semper adfuit. Liceat ergo ob breuitatis conpendium ex multis pauca proferre, quoniam uerae probatio maiestatis, tametsi habet pluralitatem testimoniorum, pluralitate tamen non indiget, quoniam credenti pauca sufficiunt.

(III, 10) Primum igitur de ueteris testamenti libris, post 77
etiam noui, patrem et filium et spiritum sanctum unius docebimus esse substantiae, libro Genesis sic inchoante: *in principio fecit deus caelum et terram; terra autem erat inuisibilis et inconposita, et tenebrae erant super abyssum, et spiritus dei superferebatur super aquas.* Ille principium, qui Iudaeis quis esset interrogantibus dixit: *principium quod et loquor uobis.* Superferebatur autem dei spiritus super aquas utpote creator, uirtute potentiae suae continens creaturam, ut ex his uiua omnia producturus ipse rudibus elementis ignis proprii fomenta praestaret, et

3 Esai. 7, 9. 14 Gen. 1, 1—2. 19 Ioh. 8, 25.

1 intelligentiam *A* 3 intelligitis *CLA* intellegetis *W*^{2}*β* intelligetis *Ma* 5 at quem *A* re *W* 6 diuinita *W* 7 crebrerrimis *P* licead *W* ob *om. βA* 8 conpendium *W*: conpendio *BV*^{1}*b* conpendia *V*^{2} compendia *CMsL* compendium *a*: *om. P* uerae *L*: uere *BφWaA* uaera *P* uera *bR* 9 brobatio *W* tamsi haberet *A* pluritatem *BφWbR* 10 pluralitatē *B* pluritatē *V* pluritate *CMsbR* 12 primo *M* ueteri *BVCA* testimenti *VC*^{1} postmodum *a* 13 etia *A* doceuimus *BV*^{1} 14 incoante *B* 15 erat *om. C* 17 dei] domini *P* superferebatur *BV*^{1}*A* ferebatur *rell.* 18 illud *β* principium est *A* qui] quid *BV* principium quid *del. in V*; *in CMsL desunt uerba* principium qui 19 quod] qui *WMs*^{2}*LP*^{2}*b* quia *P*^{1}*R* locor *W* loquar *C* 20 uirtutem *BVa*^{1} sapientiae *W* 21 suae *om. A* omnia uiua *P* 22 ignis *om. W* propria *W* et iam] etiam *BVMβA*

iam tunc mysterio emicante baptismatis uirtutem sanctifica-
tionis liquoris natura perciperet, primaque ad uitam corpora
animata produceret. Dauid proinde deo aspirante testatur:
uerbo domini caeli firmati sunt et spiritu oris eius
78 omnis uirtus eorum. Uide quam plena sit breuitas et quam
clare in sacramentum unitatis recurrit: patrem in domino,
uerbi significatione filium ponens, sanctum spiritum ex ore
altissimi nuncupauit. Et ne uocis editio acciperetur in
uerbo, caelos per eum adserit esse firmatos; ne autem flatus
in spiritu reputetur, caelestis in eo uirtutis plenitudinem
demonstrauit. Nam ubi uirtus, ibi necesse est persona sub-
sistens; ubi omnis, non ablata a patre et filio, sed consum-
mata significatur in spiritu sancto, non ut solus habeat quod
in patre et filio est, sed ut totum habeat cum utroque.

79 (III, 11) Et iterum cum de uocatione gentium dominus lo-
queretur, intra unum diuinitatis nomen spiritum sanctum
praedicans ait: euntes docete omnes gentes, bapti-
zantes eos in nomine patris et filii et spiritus
sancti. Et iterum caelestia Corinthiis precatus apostolus haec
subdidit: gratia domini nostri Iesu Christi et caritas
dei et communicatio spiritus sancti cum omnibus
uobis. Et ut apertius in hac trinitate unitatem substantiae

4 Ps. 32, 6. 7 cf. Eclus. 24, 5. 17 Mt. 28, 19. 20 II Cor. 13, 13.

1 uirtutum *A* uirtute *P* 2 perciperent *W* primaque] prima quae *BVMs*[1]*A* primamque *β* corporea *et* 3 producerent *W* deo *om. α* proinde eodem sp̃u aspirante *Ms* 4 spiritus *A* 6 clære *W* sacramento unitas *β* domini *V*[2] 7 significationẽ *BV*[1]*A* sanctum spiritum *BVWMs* (I, 34, II, 83): spiritum sanctum *rell.* 8 noncupauit *A* 9 flatu *BV*[1]*β* statu *a* 11 demonstrauit *om. b* 12 oblata *b* consumata *BVCWL* 14 sed totum *β* 15 deuotione *W* 18 sp̃u *WP* 19 iterum] iterum dum *A* iterum cum *s*[1]*a* chorintis *BVC*[1] chorintiis *WC*[2]*β* chorinthiis *M* corinthis *A* precatus *s*: praecatus *V*[2]*C* precatur *B W* praecatur *V*[1]*a* precator *PR* praedicator *b* praedicat *AL* praedicans *Mv* hac *W* haec subdidit] dicens *a* 21 comunicatio *W* spiritu *P* sancti spiritus *CaL* cum] sit cum *Ms*[2] 22 nobis *M* hanc trinitatem *A*

fateamur, illud etiam nobis est intuendum, quomodo deus,
cum de mundi et hominis creatione disponeret, sacramentum
trinitatis ostenderet dicens: faciamus hominem ad ima-
ginem et similitudinem nostram. Cum dicit nostram,
ostendit utique non unius; cum uero imaginem et simili-
tudinem profert, aequalitatem distinctionis personarum in-
sinuat, ut in eodem opere sit trinitatis aperta cognitio, in
quo nec pluralitas cassa est nec similitudo dissentiens, dum et
consequentia sic loquuntur: et dixit deus et fecit et bene-
dixit deus. Et necesse est ut creationis totius auctor deus
unus sit. Quam fidei rationem antiqua denique per Moysen 80
benedictio pandit et conprobat, qua benedicere populum sacra-
mento trinae inuocationis iubetur. Ait enim deus ad Moysen:
sic benedices populum meum et ego benedicam illos:
benedicat te dominus et custodiat te; inluminet
dominus faciem suam super te et misereatur tui;
adtollat dominus faciem suam super te et det tibi
pacem. Quod hoc ipsud propheta Dauid adfirmat dicens:
benedicat nos deus, deus noster, benedicat nos deus
et metuant eum omnes fines terrae. Quam trinitatis
unitatem supernae angelorum uirtutes hymno uenerantur, et
ter numero ‘sanctus sanctus sanctus dominus deus
sabaoth’ indesinenti canentes ore in unius fastigium domi-
nationis gloriam eius exaltant. Quod ut adhuc apertius fidelium 81

3 Gen. 1, 26. 14 Num. 6, 23—26. 19 Ps. 66, 7—8. 22 Esai. 6, 3.

1 a nobis *W* 2 scramentum *W* 3 ostenderit *WβA* ostendit *Ma* 4 nostram *om. PR* cum dicit . . . et similitudinem *om. β* 5 non utique non *BV*¹ 6 distinctiones *β* 7 trinitatis *om. α* 8 quo] qua *Ms*² pluraliter *BV*¹*a* passa *W* causa *β* dissimilitudo *a*¹*A* 9 sic consequentia *φ* locuntur *CWMsLPR* deus] dominus *P bis* fecit] fecit deus *ALv* 11 antiquã *A* mōsen *PR* 13 deus] dominus *a* 14 meum *om. β* 16 suam] tuam *A* miseriatur *b* tibi *Pb* 18 ipsum *mss praeter BA* dauit *a* confirmat *βA* (II, 94) 19 deus *ante* et metuant *om. BVCs*¹ 21 ymmo *P* ueneratur *BV*¹ 22 terno *a* 23 canentis *P* fastigio *b* donationis gloria *W* 24 eius *om. b* exultant *BV*¹*WPR* exaltat *A*

sensibus inculcetur, caelestium mysteriorum conscium producimus Paulum. Ait enim: diuisiones autem donationum sunt, idem autem spiritus; et diuisiones ministrationum sunt, idem autem dominus; et diuisiones operationum sunt, idem uero deus, qui operatur omnia in omnibus. Et certe has diuisionum differentias pro qualitate ac merito participantium spiritum sanctum docuit operari: cum ipsarum gratiarum differentias partiretur, in ultimis intulit dicens: haec autem omnia operatur unus atque idem spiritus, diuidens propria unicuique
82 prout uult. Unde nullus ambiguitatis relinquitur locus, quin clareat spiritum sanctum et deum esse et suae uoluntatis auctorem, qui cuncta operari et secundum propriae uoluntatis arbitrium diuinae dispensationis dona largiri apertissime demonstratur; quia ubi uoluntaria gratiarum distributio praedicatur, non potest uideri condicio seruitutis: in creatura enim seruitus intellegenda est, in trinitate uero dominatio ac libertas. Et ut adhuc luce clarius unius diuinitatis esse cum patre et filio spiritum sanctum doceamus, Iohannis euangelistae testimonio conprobatur. Ait namque: tres sunt qui testimonium perhibent in caelo, pater, uerbum et spiritus sanctus, et hi tres unum sunt. Numquid ait: 'tres in differentiae qualitate seiuncti aut quibuslibet diuersitatum gradibus longo separationis interuallo diuisi?' sed tres, inquit, unum sunt.

2 I Cor. 12, 4—6. 9 I Cor. 12, 11. 20 I Ioh. 5, 7.

1 producamus *b* 2 autem *om. Ms* dominationum *W* sunt donationum *φ* 3 et] e *W* ministrationum *BφWa* ministeriorum *A* mysteriorum *β* 6 diuisisionum *a* 9 intulit *om. a* 11 nulnus *BV*[1]*C*[1] nullius *C*[2]*β* ambiguitas *P* quiin clareat et *A* 14 dininae *b* 17 intenligenda *P* dominatio intelligenda est ac *W* ac] an *BV*[1] 18 cu *W* 19 et spiritum *bA* iohannes *BV*[1] testimonium *PR* 20 namque] enim *Ms* 21 perhibent] dant *W* uerbum] et filius *β* 22 sanctus *om. A* hii *BVCab* i *W* ii *P* nunquid *aP* 23 in differentiae qualitate *uel* indifferenti aequalitate *BWMaLβA* indiferenti (as *syll. in V eras.*) aequalitate *VCs* 24 longe *b* seperationis *Ma* 25 inquid *Cs*[1]

(III, 12) Ut autem adhuc magis magisque sanctus spiritus 83
cum patre et filio una diuinitas in creandis rebus omnibus demonstretur, habes creatorem spiritum sanctum in libro Iob: spiritus, inquit, diuinus est qui fecit me, et spiritus omnipotentis qui docet me. Et Dauid dicit: emitte spiritum tuum et creabuntur, et renouabis faciem terrae. Si renouatio et recreatio per spiritum erit, sine dubio et principium creationis sine spiritu non fuit. Post creationem igitur ostendamus, quia uiuificat etiam spiritus sanctus, sicut pater et filius. Equidem de persona patris refert apostolus: testor in conspectu dei, qui uiuificat omnia. Uitam uero dat Christus: oues, inquit, meae uocem meam audiunt, et ego uitam aeternam do illis. Uiuificamur uero ab spiritu sancto ipso dicente domino: spiritus est qui uiuificat. Ecce una uiuificatio patris et filii et spiritus sancti aperte monstrata est.

(III, 13) Praescientiam rerum omnium in domino esse et 84
occultorum cognitionem, licet nemo Christianus ignoret, tamen ex Danihelis libro monstrandum est: deus, inquit, qui occultorum cognitor es, qui praescius es omnium antequam nascantur. Haec eadem praescientia in Christo est, sicut refert euangelista: ab initio autem sciebat Iesus quis esset eum traditurus uel qui essent non credentes in eum. Quod sit autem occultorum cognitor,

4 Iob 33, 4. 5 Ps. 103, 30. 11 I Tim. 6, 13. 12 Ioh. 10, 27—28. 14 Ioh. 6, 64. 19 Dan. 13, 42. 22 Ioh. 6, 65.

1 sanctus *B*[1]*φ*: sancti *rell.* 3 demonstratur *C*[1] Iob] iob primo *α* 4 inquid *Cs*[1] 5 omnipotens *W* 6 rennouabis *W* 7 renouatio et recreatio *Ba*: ren. et creatio *φWL* creatio et renouatio *βA* dubium *BV*[1] 8 printipium *W* 9 uiuicat *W* 10 Equidem] et quidem *WMLβ* 12 inquid *C* 13 illis] eis *b* 14 uero] ergo *M* a *aL* sancto ipso *om. A* domino dicente *A* 15 uificat *W* 16 demonstrata *b* 17 pre-(prae-*A*)scientia *BA* praesentiam *LP* omnium rerum *a* domino] deo *A* 18 ocultorum *b* connitionẽ *V*[1] 19 danielis *MsaP*[1] inquid *C* 21 haec autem eadem *φ* 23 non *om. Pb*[1]*R* 24 autem *om. P* occultor *P*

ex hoc manifestum est, cum obscura consilia Iudaeorum traducens dicebat: quid cogitatis nequam in cordibus
85 uestris? Similiter praescire omnia spiritum sanctum ipse manifestauit dicens ad apostolos: cum uenerit spiritus ueritatis, docebit uos omnia et uentura adnuntiabit uobis. Qui uentura nuntiare perhibetur, praescire omnia non dubitatur, quia ipse scrutatur altitudines dei et nouit omnia quae in deo sunt, sicut memorat Paulus dicens: spiritus enim omnia scrutatur, etiam altitudines dei. Item in eodem loco: sicut nemo scit hominum quae sunt hominis, nisi spiritus qui in ipso est, ita nemo scit quae sunt dei, nisi spiritus dei.

86 (III, 14) Ad intellegendam uero potentiam spiritus sancti pauca de terribilibus proferamus. Uendiderat possessionem, ut scriptum est in actis apostolorum, suppressa parte pecuniae dolosus discipulus, reliquum pro toto ante pedes posuit apostolorum: offendit spiritum sanctum, quem putabat latere. Sed quid ad eum dixit continuo beatus Petrus? Annania, quare satanas repleuit cor tuum, ut mentires spiritui sancto? Et infra: non es mentitus hominibus, sed deo. Atque ita percussus uirtute eius, cui mentiri uoluerat, expirauit. Quid hic uult beatus Petrus intellegi spiritum

2 Mt. 9, 4. 4 Ioh. 16, 13. 8 I Cor. 2, 10. 10 l. c. 11. 18 Act. 5, 3. 20 l. c. 4.

1 traducens] *in C m. 2 uel 3 s. l. adiect.* id est diffamans uel confundens 2 quod V^1 3 Similiter] similiter spiritus *β* praescire omnia . . . perhibetur *om. β* 4 apostolos] populos *V* (*per comp.* płoſ) 5 doceuit *et* adnuntiauit *B* V^1 6 uobis] uos V^1 7 scrutator V^1*sa* scrutator est *M* altitudinis *BV*C^1*Msa* 13 intelligendum *A* 14 passionẽ V^1 15 actis *BVCW* (*cf. infr. 92*): actibus *rell.* subpressa *P* 16 reliquam *A* pro totum *B*V^1*A* proiecit *a* posuit *om. B*V^1*a* posuit ante pedes ap. *W* apostolorum posuit V^2*CMs* ponens ap. *L* 17 se latere *βA* 18 anania C^2*MsaLPR* 19 sathanas *a* mentires *B*V^1*M*s^1*PR* (*Roensch p. 298*): mentitus esses *A* mentireris *rell.* in spiritui *B*V^1 22 exspirauit *φ* quod hic uelit *M* intellegi *om. VC*: intelligi *abRA*

sanctum, utique clarum est, cum dicit: non es mentitus
hominibus, sed deo. Manifestum est ergo, quoniam qui
mentitur spiritui sancto, deo mentitur, et qui credit in spi-
ritum sanctum, credit in deum. Tale aliquid, immo fortius 87
quiddam dominus in euangelio ostendit: omne peccatum
et blasphemia remittitur hominibus; qui autem
blasphemat in spiritum sanctum, non remittetur ei
neque in hoc saeculo neque in futuro. Ecce terribili
sententia inremissibile dicit esse peccatum ei, qui in spiritum
sanctum blasphemauerit. Compara huic sententiae illud, quod
scriptum est in libro Regnorum: si peccando peccauerit
uir in uirum, orabunt pro eo; si autem in deum
peccauerit, quis orabit pro eo? Si ergo blasphemare in
spiritum sanctum et peccare in deum simile id est inexpiabile
crimen est, iam quantus sit spiritus sanctus unusquisque
cognoscit.

(III, 15) Deus quod ubique sit praesens et impleat omnia, 88
ore discimus Esaiae: ego, inquit, deus adproximans et
non de longinquo. si absconditus fuerit homo in
absconditis, ergo ego non uidebo eum? nonne cae-
lum et terram ego impleo? Quid autem de sua ubique
praesentia saluator in euangelio? ubicumque, ait, fuerint

5 Mt. 12, 31—32. 11 I Reg. 2, 25. 18 Hierem. 23, 23—24. 22 Mt. 18, 20.

1 sanctum? Utique *uulgo* cum] quod *β* 3 mentitus *V bis* 4 dñm *W* in deum (deõ *R*) credit *β* imo *a* 5 qui///dam *P* ostendit] ostendit dicens *βA* 6 plasphemia *Ms*¹ blasfemia *P* remittitur *αW* remittuntur *P* remittetur *rell.* ominibus *W* 7 plasphemat *Ms*¹ ei *om. β* 8 fituro *V* terribilis *βA* 10 plasphemauerit *M* blasphemauerat *V*¹ compora *V*¹ comparat *W* 11 regum *Pb*¹*R* peccande *W* 12 orabunt] orabit sacerdos *a* si autem . . . pro eo *om. A* 13 orauit *BV*¹ ergo] autem *φ* plasphemare *V*¹*M* 15 quãtus *P* 17 quod ubique deus sit pr. *W* et *om. BφWL* impleatque *W* implet *Pb*¹*R* 18 esayae *Ms* ysaie *a* inquid *BC* 19 longinco *P* 20 ergo *om. a* 21 implebo *BVCsL* de sua] deus sit *L* ubique] ubiquitate *C*² 22 praesentia *om. BVCs*¹*L* praesentia ubique *a* euangelio] eu. ait *MA* eu. dicit *β* ait] inquit *M*: *om. A* fuerint ait *L*

duo uel tres collecti in nomine meo, ibi et ego sum in medio eorum. De spiritu adaeque sancto, quod adsit ubique, dicit propheta ex persona dei: ego in uobis et spiritus meus stat in medio uestrum. Et Salomon ait: spiritus domini repleuit orbem terrarum, et hoc, quod continet omnia, scientiam habet uocis. Item Dauid dicit: quo ibo ab spiritu tuo et a facie tua quo fugiam? si ascendero in caelum, tu illic es; si descendero in infernum, ades; si sumpsero pennas meas directim et habitauero in extremo maris, etenim illuc manus tua deducet me et continebit me dextera tua.

89 (III, 16) Habitat deus in sanctis suis secundum promissionem qua dixerat: habitabo in illis. Quod uero dominus Iesus dicit in euangelio: manete in me et ego in uobis, probat hoc Paulus dicens: an nescitis quia Iesus Christus est in uobis? Hoc autem totum in spiritus habitatione adimpletur, sicut memorat Iohannes: ex hoc, inquit, scimus quia in nobis est, quia de spiritu suo dedit nobis. Similiter et Paulus: nescitis quia templum dei estis et spiritus dei habitat in uobis? Et iterum dicit: glorificate et portate deum in corpore uestro. Quem deum? utique spiritum sanctum, cuius templum esse uidemur.

90 (III, 17) Nam quod arguat pater, arguat filius, arguat spi-

3 Ezech. 36, 27. 4 Sap. I, 7. 7 Ps. 138, 7—10. 13 II Cor. 6, 16. 14 Ioh. 15, 4. 15 II Cor. 13, 5. 17 I Ioh. 4, 13. 19 I Cor. 3, 16. 21 l. c. 6, 20.

2 nedio *V* in medio eorum sum *a* aeque (-ae) *Msab* adsit] sit *A* 3 propheta dicit *β* 5 replebit *RA* rebit *P* hoc] ob *b* 6 scientia *B* sientiam *V* uoces *B et V*[1] *ut uid.* uotis *W* 7 ibo ab] ibo a *CMsaLb* ibo ad *PR* 8 es et si *PbA* discendero *B* 9 ad infernum *MLb* si sumpsero] si recipiam *A* pennes *V* pinnas *A* directim *ego*: directum *BVCs* in directum *WβA* diluculo (κατ' ὄρθρον) *Ma* 10 extremis *a* 11 contineuit *B* contenebit *P* 12 deus *om. a* 13 quam *WA* habitacio *V*[1] 14 euangelo *b* 15 christus íesus *a* 16 adimpletus *V*[1] 17 ex hoc] et hoc *a* inquid *BC* 18 suo] sancto *b* 21 quem uocat deum *W* 23 Nam] nam et *βA* spiritus] sp̄s Sp̄s *sic BVs*[1]

ritus sanctus, ita probandum est: In psalmo quadragesimo nono legitur: peccatori autem dicit deus; et infra: arguam te et statuam contra faciem tuam. Dauid similiter orans dicit ad Christum: domine, ne in ira tua arguas me: quia ipse uenturus est arguere omnem carnem. Quid uero de spiritu sancto saluator in euangelio? cum uenerit, inquit, paracletus, ille arguet mundum de peccato, de iustitia et de iudicio. Hoc prouidens Dauid clamabat ad dominum: quo ibo ab spiritu tuo et a facie tua quo fugiam?

(III, 18) Nam et quod bonus pater, bonus filius, bonus 91
spiritus sanctus, sic probatur. Dicit propheta: bonus es tu, domine, et in bonitate tua doce me iustificationes tuas. De se autem ipse unigenitus: ego sum pastor bonus. De spiritu aeque sancto Dauid in psalmo dicit: spiritus tuus bonus deducet me in terram rectam.

(III, 19) Quis autem illam dignitatem spiritus sancti possit 92
tacere? Antiqui enim prophetae clamabant: haec dicit dominus. Hanc uocem Christus adueniens in suam personam reuocauit dicens: ego autem dico uobis. Noui autem prophetae quid clamabant? sicut Agabus propheta in actis apostolorum: haec dicit spiritus sanctus, et Paulus ad Timotheum: spiritus, inquit, manifeste dicit: quae uox

2 Ps. 49, 16. 3 l. c. 21. 4 Ps. 6, 2. 6 Ioh. 16, 8. 9 Ps. 138, 7. 12 Ps. 118, 68. 14 Ioh. 10, 11. 15 Ps. 142, 10. 20 Mt. 5, 22. 22 Act. 21, 11. 23 I Tim. 4, 1.

1 spalmo *C* 2 dixit *Mab* 3 statuam te *PR* contra] ante *A* diuid *P* 4 in *om. a* 6 sancto spiritu *P* euangelio] euangelio dicit *β* 7 inquid *BC* paraclytus *BCM βA* paraclitus *VWsa* 8 de iustitia] et de iusticia *φ* de *ante* iudicio *om. b* Dauid *om. C* 9 clamat *Pb*¹ ab] a *MsaLβ* 10 tua *om. BVC* 11 bonus pater *BVCWsPb* bonus sit p. *Mav* bonus et spiritus *φ* 12 probator *A* 13 domine *om. Ms* in *om. a* 14 ipse *om. P* unitus (unicus *b*) ait ego *β* 15 sancto aeque *β* splamo *C* dicit] d. ad deum *A* d. ad dominum *a* 16 terram] uiam *A* 17 illam *om. P* 20 reuocans *b* prophetię *BV*¹ 21 qui *A* clamant *Pb*¹*R* sicut] sic ait *a* agab *W* actis *BVCW* actibus *rell.* 23 inquid *BC*

omnino demonstrat indifferentiam trinitatis. Dicit se Paulus a deo patre et Christo uocatum fuisse et missum: Paulus, inquit, apostolus non ab hominibus neque per hominem, sed per Iesum Christum et deum patrem. In actis autem apostolorum, quod ab spiritu sancto sit segregatus et missus; sic enim scriptum est: haec dicit spiritus sanctus: segregate mihi Barnaban et Saulum in opus quo uocaui eos. Et paulo post: ipsi, inquit, missi ab spiritu sancto descenderunt Seleuciam. Item in eodem libro: adtendite uobis et uniuerso gregi, in quo uos spiritus sanctus constituit episcopos.

93 (III, 20) Ne quis autem spiritum sanctum, quia paracletus dictus est, contemptibile aliquid aestimet. Paracletus enim aduocatus est uel potius consolator secundum Latinam linguam; quae appellatio etiam filio dei communis est, sicut dicit Iohannes: haec, inquit, scribo uobis, ne peccetis; sed si quis peccauerit, paracletum habemus apud patrem Iesum Christum. Nam et ipse dominus cum dicit ad apostolos: alterum paracletum mittet uobis pater, sine dubio, cum dicit alterum paracletum, se quoque paracletum manifestat. Sed neque a patre hoc nomen paracleti

2 Gal. 1, 1. 6 Act. 13, 2. 8 l. c. 4. 10 Act. 20, 28. 16 I Ioh. 2, 1. 19 Ioh. 14, 16.

1 Dicit se Paulus] et paulus quidem dicit se *A* 2 ex christo *P* fuisset *W* 3 inquid *BVCs*^{1} 4 Iesum *om. β* et] ad *A*: *om. a* deum] dominum *BaL* 5 actis *BVCWMs*^{1} actibus *rell.* autem *om. P* apostolorum legitur quod *A* a *MaL* 6 enim *om. a* 7 segrega *a* barnabam *a* paulum *A* 8 quo// *B* quod *Aa* inquid *BC* 9 seleutiam *WMβA* 10 libro] loco *Pb* 11 sanctus *om. P* *in §§. 93—98 a mutilus est* 12 paraclytus *BCP* paraclitus *VWMsab*^{2} paracliticus *b*^{1} 13 contemtibile *b* aliquit *bA* paraclytus *BVCsPb* paraclitus *WMa* 14 positus *BVC*^{1}*WMsaL* 15 dicet *BV* (*iidem* exuet *pro* exuit *III, 46*) docet *WβA* 16 inquid *BC* ne] ut non *A* sed si *BVCWs*: sed et si *rell.* 17 paracletum *B*^{1} *et sic ter deinceps:* paraclytum *uel* paraclitum *rell.* adpud *b* 21 a patre] pater *a* paraclyti *BVCWb* paracliti *MsaP*

alienum est; beneficentiae enim nomen est, non naturae. De- 94
nique ad Corinthios Paulus ita scribit: benedictus deus et pater domini nostri Iesu Christi, pater misericordiarum et deus omnis consolationis, qui nos consolatur. Et cum consolator dicitur pater, consolator dicitur filius, consolator etiam spiritus sanctus, una tamen nobis consolatio a trinitate praestatur, sicut et una remissio peccatorum, apostolo adfirmante: abluti, inquit, estis et iustificati, et sanctificati estis in nomine domini nostri Iesu Christi et spiritu dei nostri. Possemus plura adhuc de diuinis scripturis proferre testimonia, quae iuxta baptismi sacramentum trinitatem unius gloriae, operationis ac potentiae manifestant; sed quia ex his plenus est sapientibus intellectus, multa praeteriuimus studio breuitatis.

(III, 21) Faciamus ergo recapitulationem dictorum nostrorum. 95
Si de patre procedit spiritus sanctus, si liberat, si dominus est et sanctificat, si creat cum patre et filio et si uiuificat, si praescientiam habet cum patre et filio, si ubique est et implet omnia, si habitat in electis, si arguit mundum, si iudicat, si bonus et rectus est, si de eo clamatur 'haec dicit spiritus sanctus', si prophetas constituit, si apostolos mittit, si episcopos praeficit, si consolator est, si cuncta dispensat prout uult, si abluit et iustificat, si temptatores suos interficit, si is, qui eum blasphemauerit, non habet remissionem neque in hoc saeculo neque in futuro, quod utique deo proprium est: haec cum ita sint, quur de eo dubitatur quod deus sit, cum operum magnitudine, quod est, ipse manifestet: non utique

2 II Cor. 1, 3—4. 8 I Cor. 6, 11.

1 est] habet *a* beneficientiae *BVC*^{2}*WMsPb* 2 chorinthios *BVCM* corintios *P* 3 et *om. a* 4 omnis] totius *MsL* consolatur nos *b* 8 inquid *BC* 9 et sanctificati *om. W* 10 Iesu Christi *om. P* spiritu] in spiritu *s*^{2}*A* adhuc] ad hoc *M* 11 iuxta] secundum *A* 13 sed qui *A* 17 est *om. VCMs*^{1} et si] si *WaA* uiuicat *W* 18 praesentiam *sβ* 22 praefecit *αA* 24 is] his *BV*^{1}*WPA* plasphemauerit *M* 26 quur] *sic BVC* cum] eum *BV*^{1}*W* cum eum *aβ* 27 magnitudinē *BVs*^{1}*A*^{1} magnitudo *β*

alienum esse a patris et filii maiestate, qui non est ab opere
96 uirtutum alienus. Frustra illi nomen diuinitatis negatur, cuius
potestas non potest abnegari; frustra prohibeor eum cum patre
et filio uenerari, quem exigor cum patre et filio confiteri. Si
ille mihi cum patre et filio confert remissionem peccatorum, confert
sanctificationem et uitam perpetuam, ingratus sum nimis
et impius, si ei cum patre et filio non refero gloriam. Aut
si non est cum patre et filio colendus, ergo nec confitendus
in baptismo est: si autem omnimodo confitendus secundum
dictum domini et traditionem apostolorum, ne semiplena sit
fides, quis me poterit ab eius cultu prohibere? in quem enim
credere iubeor, ei etiam debite supplicabo. Adorabo ergo
patrem, adorabo et filium, adorabo et spiritum sanctum una
97 eademque ueneratione. Quod si quis durum hoc putat, audiat
quomodo Dauid ad culturam dei fideles hortatur: adorate,
inquit, scabellum pedum eius. Si religionis est adorare
scabellum pedum eius, quanto magis religiosum, si eius spiritus
adoretur! ille utique spiritus, quem beatus Petrus in
tanta sublimitate praedicauit dicens: spiritu sancto misso
de caelis, in quem concupiscunt angeli prospicere.
Si angeli eum cupiunt aspicere, quanto magis nos homines
mortales despicere non debemus, ne forte et nobis dicatur,

15 Ps. 98, 5. 19 I Pet. 1, 12.

1 alienus est β filio BV^1 ab *om.* *W* operum uirtute βA 2 diuinitatis *bis scriptum in BV* 3 prohibere BV^1 perhibeor *W* prohibeo *Ms* prohibeo re//um *A* 4 si ille *om.* *A* 7 impiissimum (-us *b*) β ei non cum p. e. f. *A* referam Pb^1RA 8 colendus et filio βA nec] non *P* 9 si *om.* *a* in omni modo *a* est confitendus *W* confitendus est βs^2 11 uultu BVs^1aLb^2 12 ei *om.* *A* etiam ei β deuite *BV* deuote Cab^2 deuita *M* 13 adorabo *ante* et filium *om.* β et *ante* filium *om.* φ 15 dauit *R* ortatur *WP* 16 inquid *BC* Si religionis...pedum eius *om.* Pb^1R 17 religiosum *om.* *M* eius spiritus] e. populus BVs^1: spiritus *om.* Pb^1R 18 quam β 19 spiritui φ 21 prospicere *A* quanto . . . despicere *om.* *PR*: quanto . . . debemus *b in marg. m. 2* 22 non debemus] non denegemus eum *PRb*, *sed in b punctis deleta*

sicut dictum est ad Iudaeos: uos semper spiritui sancto restitistis, sicut et patres uestri.

(III, 22) Quodsi haec tanta et talia non inclinant animum 98
ad uenerandum spiritum sanctum, accipe huc aliquid fortius. Sic enim Paulus instruit prophetas ecclesiae, in quibus utique et per quos spiritus sanctus loquebatur: si, inquit, omnes prophetauerint, intret autem aliquis infidelis aut idiota, conuincitur ab omnibus, examinatur ab omnibus, occulta quoque cordis eius manifesta sunt; et tunc cadens in faciem adorabit deum, pronuntians quia uere deus in uobis est. Et utique in eis spiritus sanctus est, qui prophetant. Si ergo infideles cadunt in faciem et adorant spiritum sanctum perterriti et confitentur inuiti, quanto magis fidelibus expedit, ut uoluntarie et ex adfectu adorent spiritum sanctum! Adoratur autem spiritus sanctus non quasi separatim more gentilium, sicut nec filius separatim adoratur, quia in dextera patris est: sed cum adoramus patrem, credimus nos et filium et spiritum sanctum adorare, quia et cum filium inuocamus, patrem nos credimus inuocare, et cum patrem rogamus, a filio nos exaudiri confidimus, sicut ipse dominus dixit: quidquid petieritis patrem in nomine meo, ego faciam, ut honorificetur pater in filio; et si spiritus sanctus adoratur, ille utique

1 Act. 7, 51. 6 I Cor. 14, 24—25. 21 Ioh. 14, 13.

2 restistis VC^1s^1 4 huc *BV* (*cf.* adde huc): huic *C* adhuc *W MsPb*; *om. a* fotius *W* 6 per] pro V^2 quo BV^1 si] Nisi BVs^1 inquid *BC* 7 aliquis *om.* *φ* 8 examinatur ab omnibus *om.* Pb^1R 10 sunt] fiunt *βA* in facie *A* in faciem suam *Ms* adorauit BV^1 adorat *Ms* deum] dominum *A* 11 quia] quod *β* uerus *W* 12 sanctus spiritus *β* prophetat $BVWPRAs^1$ in faciem cadunt infideles *φ* 16 sanctus *om. A* 18 credimus nos] credimus *A*: credimus inuocare spm scm et cum patrem rogamus Pb^1(*R?*), *mediis omissis; in b m. 2* inuocare *deletum*, *uerba* nos et filium et *et* adorare *s. l.*, *reliqua uero in marg. inf. addita sunt* et *post* nos *om. W* spiritus *B* sanctum *om. M* 19 filium cum *φ* 20 patre rogamus *BA* 21 quidquid *BVC* quicquid *rell.* 23 ille utique adoratur *om. A*

99 adoratur cuius est spiritus. Illud autem nullus ignorat, quia diuinae maiestati nec addi quicquam nec minui humanis supplicationibus potest, sed unusquisque secundum propositum uoluntatis suae aut gloriam sibi adquirit fideliter uenerando, aut confusionem perpetuam pertinaciter resistendo: certum est enim, quia contentio et superbia damnat, honorificentia uero fructum deuotionis expectat. Quare autem fideles non honorificent integre trinitatem, ad quam se pertinere confidunt, cuius nomine se renatos, cuius seruos se nominari gloriantur? Nam sicut ad nomen dei patris homines dei appellantur, ut Elias homo dei dictus est, ut Moyses homo dei appellatus est, sic a Christo Christiani nuncupamur, sic etiam ab spiritu spiritales appellamur. Si igitur uocetur quis homo dei et non sit Christianus, nihil est; qui si Christianus uocetur et non fuerit spiritalis, nec sibi satis de salute confidat.

100 (III, 23) Sit ergo nobis secundum salutaris baptismi confessionem fides integra trinitatis, sit una deuotio pietatis, nec more gentilium potestatum diuersitates opinemur, aut creaturam quantum ad deitatem in trinitate suspicemur. Sed nec Iudaeorum scandalo moueamur, qui filium dei negant, qui spiritum non adorant, sed potius perfectam trinitatem adorantes et magnificantes, sicut in mysteriis ore nostro dicimus, ita conscientia teneamus: s a n c t u s s a n c t u s s a n c t u s d o m i n u s d e u s s a b a o t h. Ter dicentes s a n c t u s unam omni-

1 nullus ignorat . . . III, 8 patrimonia ecclesiis *desunt in a, uno folio deperdito* ignoret *A* 4 gloria *W* acquirit *MsL* fedeliter *M* 5 confessionem M^1PR 6 contentio et superbia] superbia et contemptio *β* 7 honorificant *W* 8 integre trinitatem] integritatem *M* at *A* 10 omines *W* apellantur *W* elias *BP* helyas *M* helias *rell.* 11 apellatus *Ws* 12 nuncupantur *et* appellantur *Ms* sic etiam . . . appellamur *om.* Pb^1R ab] a *ML* 13 non *om. W* 15 nec] ne *A* sibi] sic Ms^2 de salute *bis P* 17 pietates V^1 18 aut creaturam *om. A* 19 in trinitatem *M* suscepimur Pb^1 sed *om. Ms* 20 scandolo BV^1 (*Schuch. I, 171*) mouemur A^1 21 spiritum *BVCWMs* spiritum sanctum *rell.* 23 consientia V^1 cū siliętia *sic C partim ex corr.* conscientię tenemus *A* 24 sabahot *BL* dicente *W* unam *om. M*

potentiam confitemur, quia una est religio, una glorificatio trinitatis, ut audiamus apostolos, sicut audierunt Corinthii: gratia domini nostri Iesu Christi et dilectio dei et communicatio spiritus sancti cum omnibus uobis. Haec est fides nostra, euangelicis et apostolicis traditionibus 101
et omnium, quae in hoc mundo sunt, catholicarum ecclesiarum societate fundata, in qua nos per gratiam dei omnipotentis permanere usque ad finem uitae huius confidimus et speramus.

Directa duodecimo Kal. Maiarum per Ianuarium Zattarensem a. 484
Uillaticum a Casis Medianis episcopos Numidiae, Bonifatium Foratianensem et Bonifatium Gatianensem episcopos Bizacenos.

3 II Cor. 13, 13.

2 apostolos *BVCWsβ* apostolum *M* ab apostolo *LA* chorintii *B* chorinti *P* corinthi *RA* 5 traditionibus atque auctoritate firmata et *A* 6 hoc *om.* Pb^1R 7 gratia BV^1 dei *om. C* 8 speramus amen *A* 9 Martiarum *Papencordt, Gesch. d. vand. Herrsch. p. 115 not. 3: at cf. praef. p. VI* zattarenensē *W* zatarensē *M* zatterensem *β* 10 episcopis *mss, item infra* numediae BVP^1s^1 bonifatio (-cio) *mss bis* 11 foratianensę *BVC* foratianense *WMsb* foracianense *P* Gatianensem *scripsi; cf. Ruin. ad Notit. prou. Byz. 22:* gacianense *B* gatianensę *VC* gatianense *Ws* gazanense b^1R gazanenense b^2P gratianense *M* uizacensis *M* uizacenis *rell.* explicit libellus directus sub die XVII kalendarum maiarum per iauuarianum zattarensem uillaticum de casis medianis et bonifatium foratianensem et bonifatium gratianensem prouintiae bizacenae *A* Explicit liber II (secundus *Pb*). Incipit liber (*om. P*) tertius (tercius *VC*, III *WMs*) *BVCWMsPb*.

LIBER TERTIUS.

1 (IV, 1) Qui cum noster libellus legeretur oblatus, ueritatis lumen nequaquam sufferre caecis oculis potuerunt, insanientes uocibus inferendis grauiterque ferentes, quare nos nomine nostro catholicos dixerimus. Statimque mentientes suggerunt regi de nobis, eo quod strepitum fecerimus audientiam fugientes; qui eadem hora accensus et credens mendacio festinauit facere
2 quod uolebat. Et iam conscriptum decretum habens et occulte cum eodem decreto per diuersas prouincias suos homines dirigens, episcopis Carthagine positis una die uniuersae Africae ecclesias clausit, uniuersamque substantiam episcoporum et ecclesiarum suis episcopis munere condonauit. N e s c i e n s q u o q u e q u i d l o q u e r e t u r n e q u e d e q u i b u s a d f i r m a b a t, legem, quam dudum Christiani imperatores nostri contra eos et contra alios hereticos pro honorificentia ecclesiae catholicae dederant, aduersum nos illi proponere non erubuerunt, addentes multa de suis, sicut placuit tyrannicae potestati. Haec est enim series datae et propositae legis.

3 (IV, 2) 'Rex Hunirix Uuandalorum et Alanorum uniuersis populis nostro regno subiectis. Triumphalis et maiestatis regiae probatur esse uirtutis, mala in auctores consilia retorquere:

11 cf. I Tim. 1, 7.

1 oblatum *W*s^2 2 caeci oculi *W* 3 nefandis *W* inferentes *β* 4 direximus *BL*b^2 5 strepidum *BV* fecermus *V* 6 ora *BVC* et credens *om. M* 7 Et iam] etiam *BVWMLR* decertum C^1 11 munere *in B s. l. additum*: munera b^1 14 ereticos *P* 15 dederant *om. BV*C^1s^1: tulerant C^2 proposuerant hanc *W*s^2 promulgauerunt *L* 17 praepositae *BWPR* 18 unirix *P* uniricus *W* hunerich *M* 19 maiestatis et s^2v: *cf. Indic. III 'genetiuus qualitat.'* 20 proturbatur *P*

quisquis enim aliquid prauitatis inuenerit, sibi imputat quod incurrit. In qua re nutum diuini iudicii clementia nostra secuta est, quod quibusque personis, prout eorum facta meruerint, seu bona seu forte talibus contraria, dum facit expendi, simul etiam prouenit compensari. Itaque his prouocantibus, qui praeceptionem inclitae recordationis patris nostri uel mansuetudinis nostrae crediderint esse temnendam, censuram seueritatis adsumimus. Auctoritatibus enim cunctis populis fecimus in- 4
notesci, ut in sortibus Uuandalorum nullos conuentus omousiani sacerdotes adsumerent, nec aliquid mysteriorum, quae magis polluunt, sibimet uindicarent. Quod cum uideremus esse neclectum et plurimos esse repertos dicentes se integram regulam fidei retinere, postmodum uniuersos constat fuisse commonitos, spatia temporis praerogata mensuum nouem [quae] contentioni, si quid ab eorum proposito posset aptari, ut ad Kl. Februarias anni octaui regni nostri sine metu aliquo conuenirent. Qui 5
dum huc ad Carthaginiensem confluerent ciuitatem, post moram temporis praestituti aliam quoque dilationem aliquantorum dierum dedisse cognoscimur. Et dum se conflictui paratos adstruerent, primo die a uenerabilibus episcopis nostris eis uidetur esse propositum, ut omousion, sicut ammoniti erant, ex diuinis scripturis proprie adprobarent, aut certe quod a mille et quod

1 inputet *W* imputet *Ms: cf. Indic. III 'praesens=futur.'* quid Vs^1 2 rem *P* iudicia V^1 3 quibus usque *PR* meruierint *V* 4 exspendi VC^1 expendit $W\beta$ etiam simul φ 6 nostri patris φ masuetudinis *W* 7 crediderunt *M* temnendam *BML*: tempnendam *VCs* tenendam *W* retenendam *PR* re//nitendum *b* securitatis b^1 8 ignotesci *PR* 9 nullus *PR* homousiani *W* omousion Pb^1R 11 sibimet uindicarent *om. W* neclectum BVs^1: neglectum *rell.* 14 spacio *et* praerogato *ML* mensium *MLb* mensum *PR* noue BV^2 quae *deleui* nouem ut contentionis gr͠a si quid ab eis propositum posset aptari ad kł *sic M* contentioni siquidem *C* contentionis si quid *rell.* 15 p̃posito *b* possit β possent optari C^2 frebruarias *B* febroarias P^1b 16 anno octauo *M* aliquod BVC^1s^1 17 cartaginensem $B\varphi W$ ciuitate BV^1 19 Et] ut β astruerent *BMs* asstruerent *WCL* 21 admoniti *W solus ex meis* 22 quodam ille *BV* quot *Cb*

excurrit pontificibus de toto orbe in Ariminensi concilio uel
6 apud Seleuciam amputatum est, praedamnarent. Quod nequa-
quam facere uoluerunt, uniuersa ad seditionem per se con-
citati populi reuocantes. Quin immo et secunda die, dum eis
mandaremus ut de eadem fide, sicuti propositum fuerat, respon-
derent, hoc uidentur adsumpsisse temeritate transacta, ut sedi-
tione et clamoribus omnia perturbantes ad conflictum facerent
minime peruenirí'.
7 'Quibus hoc prouocantibus statuimus, ut eorum ecclesiae
clauderentur, hac illis condicione praescripta, ut tamdiu essent
quamdiu mallent ad conflictum propositum peruenire: quod
ea obstinatione facere noluerunt, quam prauis uidentur ad-
sumpsisse consiliis. Adeo in his est necessarium ac iustissimum
retorquere, quod ipsarum legum continentia demonstratur,
quas inductis secum in errore imperatoribus temporum diuer-
8 sorum tunc contigit promulgari. Quarum illud uidetur tenere
conceptio, ut nulla exceptis superstitionis suae antistitibus
ecclesia patuisset, nullibi liceret aliis aut conuictus agere aut
exercere conuentus, nec ecclesias aut in urbibus aut in quibus-
dam paruissimis locis penitus obtinere neque construere, sed
praesumpta fisci uiribus iungerentur; sed etiam et eorum

1 excurrit *scripsi:* excurrunt *mss* ariminensi b^2s^2 arimensi *BVWCL* arminensi *M* arimense *PR* arienensi b^1 consilio *W* 2 seleutiam *VCWMLPb* amputatatū V^1 praedamnarrent *VMs* 3 uniuersã *M* 5 sicut *Pb* 6 uidenter BVs^1 9 hoc *om. P* prouocantes *α* 10 perscripta $BVWs^1Pb(LR)$ essent] essent clausae V^2CMsL 11 ad conflictum *om.* BVC^1sL conflictum *om.* C^2M 12 qua *C* uidentur] dentur BVC^1s^1 13 ideo Cs^2 his] hos C^2L eos s^2 15 induxisse cum terrore *β* errorem $WCMs^2$ temporum *om.* $B\varphi L$: diu. temp. Ws^2 aduersum nostros C^2 diuersis prouintiis *M* 16 continere praeceptio *M* 17 exceptis b^2: super exceptis *α* excepto WPb^1R superstitionis *β*: institutionibus BVC^1MaL institutionis WsC^2b^2 siuę C^1: *om. M* antestitibus *B* antistibus *WPb* 18 ecclesiae Pb^1R nostris ecclesia *M* patuisset *WCβ*: paruisset *BVsL* nullibi *scripsi:* nullis C^2 nulli *rell.* aliis] illis *M* ex aliis b^2 coniunctus *b* conuinctus dare aut ex. eis conuentus liceret nec in ecclesiis aut *M* 19 ecclesias] in ęcclesiis V^2C^1 20 optinere *WbR* 21 praesupta *C* fasci *P* uiribus] usibus C^2 iuri Ms^2 etiam et] et si qua C^2

patrimonia ecclesiis suae fidei sociata suis antistitibus prouenissent; nec commorari ad quaecumque loca talibus licentia patuisset, sed extorres omnibus urbibus redderentur et locis; nec baptismatis haberent omnino aliquam facultatem aut forte de religione disputarent, et nullam haberent ordinandi licentiam siue episcopos siue presbyteros uel alios, quos ad clericos pertinere contingeret, proposita seueritate uindictae, ut tam hi qui se paterentur huiusmodi honores accipere, quam etiam ipsi ordinatores denis libris auri singuli multarentur, eo adiecto, ut nullus eis locus esset uel aditus supplicandi, sed etiam si qua specialia meruissent, minime praeualerent; et si in hac pernicie perdurarent, et de proprio ablati in exilium sub prosecutione idonea mitterentur. In populos quoque praefati im- 9
peratores similiter saeuientes, quod eis nec donandi nec testandi aut capiendi uel ab aliis derelictum penitus subiaceret, non fideicommissi nomine, non legati, non donationibus aut relictione, quae mortis causa appellatur, uel quolibet codicillo aliisue forsitan scripturis, ita ut etiam, qui suis palatiis militarent, condemnationi grauissimae pro dignitatis merito facerent

1 ecclesiae Ms^1Pb antestititibus *B* antistibus WC^1MsP peruenissent b^1 2 commorari Mab^2: commemoras *BV* commemorans WPb^1R commemore C^1 commeare C^2 commorandi s^2 atquę cumque *BVC* 3 set *b* 5 religioni BV^1 (*Schuch. I, 451 sqq.*) 6 seu . . . seu *bR* seu . . . siue *P* si episcopos *W* clericos *ego*: cleros *α* clerum *Wβ* 7 uindictā *Ba* c uindictā (*sic!*) V^1 uindicta V^2s uindicate *PR* hii *Wa* 9 auris BV^1 adlecto *PR* 11 meruissent] minuisse Pb^1R 12 et de proprio BV^2L et d proprio V^1 et proprio *C* et a proprio *Ms* de proprio *a* et de proprio solo *β* et de pr. ablati solo *W* persecutione *aLβ* 13 populo *β* 14 donandi licentia b^2 eis licentia nec donandi *a* donandi libertas *Lv* 15 directum *V* (*ex* directū (li *suprascr.*) *ut uid.*) *M* relictum *β* subiacerent *W* 16 fideicommisse ab^2 delegati *β* relictio neq; Pb^1R 17 appellantur *W* quodlibet *β* codicello C^2aPb 18 aliisuę *BV* alii suae *MsP* ita aut BV^1 placatiis (-tus *CM*) *VCM* 19 condempnationi *a* condempnationis *BφWβ* dignatis Vs^1 meriti *β* *uerba* meriti facerent . . . superiori (§. 13) *in β post* confessionem (§. 18) *leguntur, uno folio in archetypo transposito*

subiectos, ut omni honoris priuilegio expoliati infamiam incurrerent et publico crimini huiusmodi personae se cognoscerent esse subiectos. Officialibus etiam iudicum diuersorum xxx argenti pondo poena proposita; quam si quinque uicibus in errore perdurantes contigisset inferre, tum demum tales conuicti
10 atque subiugati uerberibus in exilium mitterentur. Deinde codices uniuersos sacerdotum, quos persequebantur, praeceperant ignibus tradi; quod de libris huiusmodi, quibus sibi nominis illius errorem persuasit iniquitas, praecipimus faciendum. Hoc enim, ut dictum est, pro singulis quibusque personis illi obseruandum praeceperant, ut inlustres singillatim auri pondo quinquagena darent, spectabiles auri pondo quadragena, senatores auri pondo tricena, principales auri pondo uicena, sacerdotales auri pondo tricena, decuriones auri pondo quina, negotiatores auri pondo quina, plebei auri pondo quina, circumcelliones argenti pondo dena; et si qui forte in hac pernicie permanerent, confiscatis omnibus rebus suis exilio multarentur.
11 Ordines autem ciuitatum, sed et procuratores et conductores possessionum tali poena uidebantur affligere, ut si forte tales celare diligerent et minime publicassent et retentos iudicio non facerent praesentari, ipsi tenerentur ad poenam; conductoribus etiam regalium praediorum hac multa proposita,

1 omnis *W* honoris sui *WPb* 2 crimine *β* 3 triginta *Waβ* argenteorũ Ws^2 auri *a* 4 pondus *W* proposita ẽ *W* propositũ *β* 5 tunc *aβ* 7 praeceperunt *β* 8 eiusmodi *β* sibi *om. W* 9 errorum *M* praecipimus] p̄tium *β* 10 hoc] haec *a* pro *CWa*: per *rell.* singulas quibusque personas *b* 11 obseruandum *C* (*cf. infra §. 13* hoc ... praecipit obseruandum): obseruanda *rell.* illiustres *PR* pondera Ws^2 *et sic deinceps* 12 quinquagena darent spectabiles auri pondo *om. β* darent spectabiles auri pondo quadragena *om. M* senatores auri pondo tricena *om. Pb* 13 principales *Gothofredus:* pupulares *W* populares *rell.* sacerdotes *W* 14 tricena] ena *W* negotiatores auri pondo quina *om. β* 15 plebeii *Wa* circumcilliones *φ* 16 argenti *Wβ*: ari *B* (= auri; *cf. Schuch. II, 314 sq.*) auri *rell.* dena] quina *C* si quis *Pb* 17 confisscatis *W* 19 adfligere *Pb* 20 celere BVs^1 deligerent C^2Ws^2L retontos *V* 22 hac] haec *b* p̄posita *W* proposita est *a*

ut quantum domui regiae inferrent, tantum etiam fisco poenae nomine cogerentur exsoluere, ut generaliter in omnibus conductoribus uel possessoribus, qui in eadem superstitione crediderint perdurandum, constituimus obseruari; iudicibus etiam, qui huic rei instantissime non inminebant, poena proscriptionis et sanguinis supplicium poneretur; sed et de primatibus officiorum tres numero punirentur, aliis uiginti librarum auri condemnatione multandis.'

'Quare his necesse est constitutionibus obligari omousianos 12
omnes, quos huiusmodi malae persuasionis constat tenuisse et tenere materiam; quos ab omnibus supradictis abstinere decernimus, in persecutione uenturis per ordines cunctarum urbium: sed etiam iudices, qui super his neglecte dira supplicia diuersis intulisse monstrantur. Omnes supradictae fidei ômousion erroribus inplicatos, quae cuncto praedamnata est concilio tantorum numero sacerdotum, uniuersis rebus praedictis et contractibus praecipimus abstineri, quod nihil sibi nouerint esse permissum, sed uniuersos similis poena maneat et astringat, si ad ueram religionem, quam ueneramur et colimus, intra diem Kalendarum Iuniarum anni octaui regni nostri conuersi non fuerint. Diem autem praestitutum adeo pietas nostra constituit, ut praedamnantibus errorem indulgentia non negetur, et obstinatos animos supplicia digna coherceant.

2 ut] quod C^2 id *aLv* 3 superstitutione *BVs*[1] 5 non *om.* *Pb* 6 supplicium *om.* *β* punirentur *β* officiarum *BV*[1] 7 munero VC^2s 9 hic *β* 10 huiusmodo C^2b malae persuasionis C^2s^2a: mali per sua signis *BV* mali persuasores *W* mali persuasi ignis C^1(?)Ms^1 malis persuasis ignis *Pb* 11 matheriam *P* omnibus WC^2s^2a: hominibus *rell.* obtinere *b* 12 persecutione *M*: prosecutione *BVsL* prosecutionem *Wa* persecutionem *rell.* 13 iudicibus *Pb* super his (*scil.* rebus) C^2: superius *rell.* neglecte C^2: neglegenda *W* neglecta *rell.* dyra *BVW* 14 aduersis *β* non intulisse *L* monstratur *aβ* omnibus *C* omnes ergo *β* 15 in(im-)plicatos Ws^2a^2: in(im-)plicatis $BVCMs^1$ $a^1β$ cuncta M^1 16 numerum BVC^1Ms^1 supradictis *Pb* 17 et] ex *a* abstinere C^2s 19 asstringat *W* ueneramus *b* 20 ianuariarum s^1b 21 ideo s^2 22 praedam(damp *Ma*)natis *αW* errorum *CL* errore *Wa* erroribus *M*

13 Qui autem in eodem errore permanserint, seu domus nostrae occupati militia, seu forsitan diuersis titulis necessitatibusque praepositi, pro gradibus suis decursas superius multarum inlationes cogantur excipere, nihil ualituris quae forsitan per subreptionem quemquam talium contigit promereri. In priuatos etiam uel cuiuscumque gradus et loci personas hoc nostra promulgatio praecipit obseruandum, quod circa tales supradictis legibus uidebatur expressum, ut poenae congruae subderentur. Iudices autem prouinciarum, quod statutum est neglegentes exsequi, superiori poena, quae talibus praescripta, constituimus

14 obligandos. Ueris autem maiestatis diuinae cultoribus, id est sacerdotibus nostris, ecclesias uniuersas uel totius cleri nominis supradicti quibuscumque terris et regionibus constitutas, quae propitia diuinitate imperii nostri regimine possidentur, una cum rebus quae ad easdem pertinent, hoc decreto statuimus debere proficere, non dubitantes quod plus alimoniae inopum proficere, quod sacrosanctis pontificibus iuste conlatum est. Hanc ergo legem fonte iustitiae profluentem cunctis praecipimus innotescere, quatenus nullus sibi ignotum esse, quod praeceptum est, possit obtendere. Optamus uos bene ualere.

a. 484 Data sub die VI. Kl. Mart. Carthagine.'

15 (IV, 3) Post haec edicta feralia ueneno toxicato transuersa iubet cunctos episcopos, qui Carthagine fuerant congregati,

1 eundem *a* errorem *BV'a* erre *W* domos *BVM* (*Schuch. II, 189 sq., III, 226, Roensch p. 520*) 2 aucupet militiã *β* 3 propositi *BVCWMs¹L* decuras *BV* de quibus *C* decimas *Ms*; *in a spat. circit. 12 litt. uac. relict.* 5 surreptionem *aL* contingit *C* priuatos *B ex* priuatus: priuatis *φ* 6 loci] duci *β* personis *C²* 7 promultatio *BVC¹Ms* praece(coe)pit *αW* 8 poenis congrue *a* 9 statum *P* 10 exequi *WMsa* superiore *a* praescripta est *s²a* constituimur *P* 11 uiris *b* 16 non dubitantes ... proficere *om. W* quod] quid *C: om. ML, deletum in sb; cf. Indic. III* 'quod' 17 pontifitibus *W* est collatum *a* est *om. P* 18 profluente *BVWβ* praecipimus] fecimus *β* 19 quatinus *aLβ* innotum *BV¹W* 20 optendere *W* obtamus *P* 21 data *om. β* sexta *VMs* marcii *φ* martias *a* carthã *Pb* *post* cartagine *VC iterant* Data cartagine 22 dicta *b* 23 episcopo *W* carthagini *aβ* erant *a*

quorum iam ecclesias, domos et substantiam ceperant, in hospitiis quibus erant expoliari et expoliatos foris muro propelli. Non animal, non seruus, non mutanda quae ferebant uestimenta penitus dimittuntur; addens adhuc, ut nullus quempiam illorum hospitio reciperet aut alimoniam praestitissent; qui autem hoc miserationis causa facere temptasset, cum uniuersa domo sua incendio cremaretur. Sapienter tunc 16
etiam proiecti episcopi fecerunt, ut licet mendicantes exinde non abirent; quia si recederent, non tantum uiolenter omnino reuocarentur, et mentirentur eos, sicut mentiti sunt, fugisse conflictum; maxime quia, ubi reuerterentur, iam nequaquam fuerat, ecclesiis, substantia uel domibus occupatis. Dum ergo gementes in circuitu murorum nudo sub aëre iacerent, factum est ut rex impius ad piscinas exisset. Cui uniuersi occurrere maluerunt dicentes: 'ut quid taliter adfligimur? pro quibus malis forte commissis ista perpetimur? si ad disputationem congregati sumus, quare expoliati? quare traducimur, quare differimur, et sine ecclesiis et domibus nostris foris ciuitate fame et nuditate laborantes mediis stercoribus uolutamus?' Quos ille toruis oculis aspiciens, priusquam suggestionem eorum audisset, iussit super eos cum sessoribus equos dimitti, ut tali uiolentia possent non solum conteri, uerum etiam necari. Quorum tunc multi contriti sunt et praecipue senes et infirmi.

(IV, 4) Tum deinde iubentur ad quendam locum, qui dicitur 17
Aedes Memoriae, illi uiri dei occurrere, fraudem sibi nescientes aptatam. Ubi cum uenissent, carta eis ostenditur inuoluta diciturque illis ista subtilitate serpentis: 'dominus noster rex

1 ceperat *a* coeperat *WPb* 2 furis *P* muros *aLβ* 5 quepia *V cum ras. sup.* e *et* a praestitissent *BVCWsa*: praestitisset *MLβ*; *cf. Indic. III 'constructio ad sensum'* 8 proiecti] praedicti *a* 9 habirent *PR* quia si] quasi *φP* non tantum] ne tenti *C in ras.* 12 ecclesiae *β* substantię *BVM* substantiis *s* occupatus *BV* 14 occurre *P* 18 dif (diff- *P*)errimur *BVPR* diferimur *C* ciuitatem *aL* 19 stercoris *BVCs*[1] uolitamus *P* uolitamur *b*[1] uolutamur *CWMLb*[2] 22 enecari *Waβ* 23 et infirmi *om. β* 24 tunc *MaL* 26 aptatatam *a* charta *β* 27 ill//s *V* ita *b*

Hunirix, licet doleat quod fueritis contemptores et adhuc eius
uoluntati oboedire tardetis, ut eius efficiamini religionis cuius
est ipse, nunc tamen bonum de uobis cogitauit: si iuraueritis
ita, ut quod ista carta continet faciatis, dimittit uos ecclesiis
et domibus uestris.' Ad quod uniuersi episcopi responderunt:
'semper dicimus et diximus et dicturi sumus: Christiani sumus,
episcopi sumus, apostolicam fidem unam et ueram tenemus.'
18 Factoque post confessionem fidei silentio modico illi, qui a
rege fuerant destinati, festinabant extorquere episcopis sacra-
mentum. Tunc beati uiri Hortulanus et Florentianus episcopi
pro omnibus et cum omnibus dixerunt: 'numquid animalia nos
inrationabilia sumus, ut nescientes, quid carta contineat, facile
aut temere iuremus?' Adcelerauerunt quoque illi ab rege de-
stinati scripturae eis propalare tenorem, qui huiusmodi ser-
19 monibus fuerat coloratus. Sic enim calumniosa series continebat:
'iurate si post obitum domni nostri regis eius filium Hildirit
desideratis esse regem, uel si nullus uestrum ad regiones trans-
marinas epistulas diriget; quia si sacramentum huius rei de-
deritis, restituet uos ecclesiis uestris'. Cogitauit tunc multorum
pia simplicitas etiam contra prohibitionem diuinam sacra-
mentum dare, ne dei populus in posterum diceret, quod uitio
sacerdotum, qui iurare noluerunt, non fuerint ecclesiae resti-
tutae. Alii quoque astutiores episcopi sentientes dolum fraudis

1 honirex *P* honorix *b* huniricus *W* hunericus *MaL* et adhuc *Ws*^{2}*aL*: ut adhuc *rell.* 2 non tardetis *C*^{2}*β* ut *Ws*^{2}*a*: et *rell.* efficiami *V* efficiamini eius *a* 3 de uobis bonum *β* 4 charta *P* cartha *b* dimittet *Waβ* 7 et unam *β* 8 factumque est ut post *β* 10 hortolanus *WaPR* ortolanus *b* florentinianus *BL* florintinianus *a* 12 sumus nescientes ut quod charta (cartha *b*) *β* 13 auc *b* ab *coni. Halmius*: ad *BV*^{1} a *rell.* 14 sermonibus *C bis* 15 coleratus *VC*^{1} colaratus *W* colatus *b* siries *P* senes *M* 16 si] quod *Ws*^{2} domni *B*: domini *rell.* eus *b* hilderit *Wβ* hylderit *a* 17 regionem *PR* 18 epistulis *BV*^{1} dirigat *V*^{2}*CMsβ* quị si *B* qui si *Wβ* si *om. C* regi *W* 19 restuet *W* 20 prohiuitionem *BV*^{1} 21 populos *ex* populus *P* dicere *BV*^{2} dicerē *V*^{1} (*ex* dicerent?) uitiū *W* 22 fuerunt *P*

nequaquam iurare uoluerunt, dicentes prohibitum fuisse euangelica auctoritate, ipso domino dicente: non iurabis in toto. Quibus ministri regis: 'secedant in parte', inquiunt, 'qui iurare disponunt.' Qui cum secederent, notariis scribentibus quis quid diceret uel ex qua ciuitate fuisset, similiter factum est ut de illis, qui minime iurauerunt; statimque pars utraque custodiae mancipatur.

(IV, 5) Post uero fraus quae celabatur apparuit. Iurantibus 20
dictum est: 'quare contra praeceptum euangelii iurare uoluistis, iussit rex ut ciuitates atque ecclesias uestras numquam uideatis, sed relegati colonatus iure ad excolendum agros accipiatis, ita tamen ut non psallatis neque oretis aut ad legendum codicem in manibus gestetis, non baptizetis neque ordinetis aut aliquem reconciliare praesumatis'. Similiter non iurantibus ait: 'quia regnum fili domni nostri non optatis, idcirco iurare noluistis; ob quam causam iussi estis in Corsicanam insulam relegari, ut ligna profutura nauibus dominicis incidatis.'

(V, 1) Addidit itaque bestia illa, sanguinem sitiens inno- 21
centum, episcopis necdum adhuc in exilium directis per uniuersas Africanae terrae prouincias uno tempore tortores crudelissimos destinare, ut nulla remansisset domus et locus, ubi non fuisset eiulatus et luctus, ut nulli aetati, nullo parceretur sexui, nisi illis, qui eorum succumberent uoluntati. Hos fu-

2 Mt. 5, 34.

1 noluerunt *Vs*[1] 3 partē *C*[1]*s* 4 notarius *BVM* 5 quis quid] quid quid *C*[1] quis qui *C*[2] quis *M* diceret uel *ego:* diceretur *BVCMs* diceretur et *W* diceret *a* diceret et *Lβ* 6 ut de *BVC* et de *rell.* minime] non *β* statinque *W* 8 quae] qua *P* cęlebatur *V* 11 religati *W* colonias *β* colendum *a* agrum *aβ* accipietis *β* 12 spallatis *C*[1] 13 in *om. β* gestatis *a* aut] nec *M* 14 recontiliare *W* praesumetis *P*[1] 15 fili *BV*[1] filii *rell.* domni *BW* domini *rell.* optastis *s*[1] 16 corsica *W* 17 relegare *V*[1] religari *W* dominis *β* 19 exiliis *β* uniuersis *BVs*[1] 20 terrae africanae *W* 22 ululatus *β* nullo aetati *BVC*[1]*s*[1] nulli parceretur *WMaL* 23 illos *BVs*[1] illi *C ex corr.* succumberet *BVCW*

stibus, illos suspendio, alios ignibus concremabant. Mulieres et praecipue nobiles contra iura naturae nudas omnino in
22 facie publica cruciabant. Ex quibus unam nostram Dionisiam cursim ac breuiter nominabo. Cum uiderent eam non solum audacem, sed etiam matronis ceteris pulcriorem, ipsam primo nisi sunt fustibus expoliatam aptare. Quae cum peteret diceretque de domino suo secura: ‘qualiter libet cruciate, uerecunda tamen membra nolite nudare’, amplius illi magis furentes celsiori loco uestimentis exutam consistunt, spectaculum eam omnibus facientes. Quae inter ictus uirgarum, dum riuuli sanguinis toto iam corpore fluitarent, libera uoce dicebat: ‘ministri diaboli, quod ad obprobrium meum facere conputatis, ipsa laus mea est’. Et quia est scripturarum diuinarum scientia plena, artata poenis et ipsa iam martyr alios ad martyrium confortabat; quae suo sancto exemplo paene uniuersam suam
23 patriam liberauit. Quae cum suum unicum filium, admodum adhuc tenerae aetatis et delicatum, timore poenarum formidolosum conspiceret, uerberans eum nutibus oculorum et increpans auctoritate materna ita confortauit, ut matre multo fortior redderetur. Cui inter crudelia uerbera constituto ita dicebat: ‘memento, fili mi, quia in nomine trinitatis in matre catholica baptizati sumus. Non perdamus indumentum nostrae salutis, ne ueniens inuitator uestem non inueniat nuptialem et dicat

1 cremabant *φ* mulieres uero *a* 2 naturae iura *φ* 3 dyonisiam *aβ* 4 hac *W* 5 matrimoniis *PR* pulchriorem *mss praeter BV* 6 apatre *BV* appetere *W* mactare *Ms* cruciare *a* peteret] pateretur *β inepte; nondum enim patiebatur* 7 suo] sum *β* 8 magisque Ws^2 9 exuta BV^1b eam *om. a* 10 facientesque BV^1 riuulis BVC^1Ms^1 11 fluitaret *V* (*ex corr.*) *M* 12 obrobrium *W* probrium *P* 13 est ipsa laus mea *W* ipsa est laus mea *MsL* est *post* mea *om. BVC* quia est] qui erat *W* quia esset *β* quia erat *aL* sientia V^1 14 artatu BV^1 areatu *C* artatur *W* arctatur *a* aptatis artata *β* martyrum Vb^1 15 corfortabat *B* paene *om. α*: *recte ?* 16 fium *W* addomum *Pb* 18 eum *om. W* 19 materna *scripsi cum* s^2Lv; *cf. §. 50* auctoritate uxoria increpatus: eterna *Ba* ıterna *C ex corr.* aeterna *rell.* 21 mi fili *a* catholica] ecclesia catholica *a* 23 inueniet *P*

ministris: mittite in tenebras exteriores, ubi erit
fletus oculorum et stridor dentium. Illa poena timenda
est quae numquam finitur, illa desideranda uita quae semper
habetur.' Talibus itaque filium solidans uerbis uelociter mar-
tyrem fecit. Uenerabilis uero adulescens, Maioricus nomine, 24
in certamine confessionis spiritum reddens cursum palmiferum
consummauit: amplexansque illa hostiam suam, quantis potuit
uocibus domino gratias agens, ad gaudium spei futurae in
sua domo maluit sepelire, ut quotiens super sepulchrum eius
trinitati preces effundit, alienam se a filio numquam esse con-
fidat. Quanti igitur per eam in illa ciuitate, ut fati sumus,
adquisiti sunt deo, longum est enarrare. Nam et eius germana
nomine Datiua, atque Leontia filia sancti Germani episcopi,
cognatusque Datiuae uenerabilis Emilius medicus, religiosus
quoque Tertius trinitatis confessione praeclarus, uel Sibidensis
Bonifatius quanta pertulerint qualibusque cruciatibus euisceratae
uel euiscerati sint, qui ualet ex ordine dicat.

(V, 2) Serui quoque Tuburbitanae ciuitatis maioris, generosi 25
et nobilis uiri, pro Christo quas pertulit quis explicet poenas?
Qui post caedes innumerabilium fustium trocleis frequentibus
eleuatus dum totam per urbem penderet, nunc in sublime

1 Mt. 22, 13.

1 tenebris *B* ibi *WsaP et Vulgata* 2 oculorum *om. a* 3 desideranda est uita *W* 4 filium *om. a* 5 adulescens V^1 aduliscens *B* adolescens *rell.* maiorius *a* 7 consumauit *WP* illam *PR* 8 uotibus *W* deo *P* spęis *b* 9 suo domo *B* malluit BV^1C^1 (*cf. Cassiodor. de orthogr. c. 1*) quociens-cumque *a* sepulcrum *aP* 10 præce *W* effundat V^2Ms effudit *β* aliena BV^1a esse *om. a* 11 in *om. b* fa//ti *B ex* facti 15 confessio *a* uel Sibidensis] uesubensis *a* uel sibiddensis *β* 16 bonifacius *CWMsaP* crûatibus *B* euisceratae uel *om. M* 17 uiscerati *W* sunt *MP* ex *om. a* 18 seruii *Wa* seruius C^2 seruus *PR* suruus *b* turburbitanae *W* maiorus *β* generosus C^2L 19 nobiles C^1M uir C^2L explicit BVs^1 20 festium V^1 flequentibus *PR* 21 totam per urbem *CWb*: tota (toto *V*) per urbe BV^1 tota p. urbem (urbe *V*) die V^2Ms p. totam urbem *a* tota p. urbem *PR* nunc eum C^2 sublimes BV^1 sublimi *a*

tollentes, ictu celeri dimissis iterum cannabinis super silices platearum pondere corporis ueniens ut lapis super lapides conruebat; sed et saepius tractus et lapidibus acutissimis defricatus, ut cutibus separatis pelles corporis lateribus dorsoque uideres et uentri pendere. Iste iam temporibus Geiserici non ualde dissimilia pertulerat, ne amici cuiusdam sui secreta nudaret; quanto magis nunc, ut suae fidei sacramenta muniret! Et si homini gratis fideliter exhibuit fidem, quantum debet illi, qui redditurus est pro fide mercedem!

26 (V, 3) In ciuitate uero Culusitana non ualeo quae gesta sunt nuntiare, quia et ipsam quantitatem martyrum uel etiam confessorum inpossibile est homini supputare. Ubi quaedam matrona auctrix sui nominis Uictoria, dum in conspectu uulgi continuato suspendio cremaretur, a marito iam perdito filiis praesentibus taliter rogabatur: 'quid pateris coniux? si me despicis, uel horum quos genuisti miserere, impia, paruulorum. quare obliuisceris uteri tui et pro nihilo ducis, quos cum gemitu peperisti? ubi sunt foedera coniugalis amoris? ubi societatis uincula, quae inter nos dudum honestatis iure tabulae conscriptae fecerunt? respice quaeso filios ac maritum et regiae iussionis implere festina praeceptum, ut et inminentia adhuc tormenta lucreris, simul et mihi doneris et liberis nostris'. Sed illa nec filiorum fletus nec serpentis audiens blandimenta, adfectum multo altius eleuans ab terra, mundum cum suis desideriis contemnebat. Quam cum iam continuatione suspendii

1 dimissus C^2 demissis *PR* 2 pondore *BV*^{1}*CW* pendere *b* 3 tractus *et* defricatus *V*^{2}*CMs*: tractum *et* defricatum *rell.* 4 cautibus *V*^{2}*M* cute separata *Ws*^{2} lateribus dorsoque] lateribusque *β* 5 uentre *s*^{2}*L* iam] autem *α* 7 sua *β* 8 homi *P* hominis grati *BφWα* exibuit *W* debuit *β* 10 uero *om.* *Ms*^{1} ualent . . . nuntiari *b* 11 quantitate *W* martyrium *C*^{1} 12 inpossibili *BV*^{1}*C* 14 concremaretur *β* 15 coniunx *CWs*^{1}*ab* 17 gemite *P* 18 societas *BV*^{1}*C*^{1} 20 ferunt *b* 21 ut et] ut *αβ* 22 tormonta *W* lu^{h}creris *V* 23 bbandimenta *V* 24 multo] oculorum *β*: *om.* *VCMs*^{1} ab terra *scripsi:* ad terra *B* ad terrã *V*^{1} a terra *rell.* cum] cur *P* 25 contẽptenebat *W* qua *W* continuatone *BV*^{1} (*Schuch. II, 444 sqq., 457*) continuati nece *C* continuati honere *α* continuato suspendio *β*

uulsis humeris etiam qui cruciabant conspicerent mortuam, deposuerunt prorsus omni parte exanimam. Quae postea retulit quandam sibi uirginem astitisse atque tetigisse membra singula, et ilico fuisse sanatam.

(V, 4) Qualiter autem Adrumetinae ciuitatis ciuem Uicto- 27
rianum tunc proconsulem Carthaginis praedicem, nescio deficientibus uerbis. Quo in Africae partibus nullus ditior fuit, qui etiam apud impium regem pro rebus semper sibi commissis fidelissimus habebatur. Mandatur ei a rege familiariter diciturque, quod eum habiturus esset prae omnibus, si ad praeceptum facilem commodasset adsensum. Sed ille uir dei missis ad se talem dedit cum fiducia magna responsum: 'securus de deo et Christo domino meo dico quae regi dicatis: subrigat ignibus, adigat bestiis, excruciet generibus omnium tormentorum: si consensero, frustra sum in ecclesia catholica baptizatus. Nam si haec praesens uita sola fuisset et aliam, quae uere est, non speraremus aeternam, nec ita fecissem ad modicum atque temporaliter gloriari et ingratus existere, qui suam fidem mihi contulit, creditori'. Ad quod tyrannus excitatus quantorum temporum et quantis eum adflixerit poenis, humanus sermo non poterit explicare. Qui tripudians in domino feliciterque consummans martyrialem coronam accepit.

1 auulsis *β* 2 deposuerant *W* exanimem V^2C^2MsL examinatam *Pb* tulit *W* 3 quendam V^1 tetigesse V^1 4 saluatam *β* 5 adrumitenae *Pb* 7 Quo] quod $BV^2M^1s^1L$ 8 aput *P* regem impium *a* sibi semper *b* 9 ei et *b* 10 eu *W* si ad praeceptum *Ms*: si et praeceptum *BV* (et *eras. in V*) sed praecepto C^1 si praecepto C^2 si et praecepto *a* si eius praecepto (praeceptu W^1) *WLβ* 11 facile *W* 12 tale *CWML*: *in BV* talem *bis script. est* 13 de christo domino deo meo dico quod *a* de christo deo et domino meo quae (dico quae *W* haec *b*) *Wβ* 14 me subigat *W* excruciet omnium tormentorum genere *β* 15 si] si et *a* con sero BV^1 17 aeternam *om. a* ista Ws^2 18 gloriarer *Ms* existere BV^1aL: exitere *W* existerẽ ei V^2Ms existerem *rell.* 19 contulit mihi *a* creatori *b* tirranus *W* 20 adflixit *et* 21 potuit *P* trepudians *P* in domino V^2CMsL in quo BV^1W: *om. aβ* 22 feliterque *b* consumans $BVWLPb^1R$

28 (V, 5) Apud Tambaiensem quoque ciuitatem gesta quis queat certamina martyrum explicare? Ubi duo germani Aquisregiensis ciuitatis sibi securi de domino inuicem iurauerunt, ut rogarent tortores, ut una poena parique supplicio torquerentur. Et dum primo suspendio molibus lapidum pedibus alligatis tota die penderent, unus illorum petiuit sese deponi et sibi indutias dari. Cui frater alius metuens ne fidem negaret, et de suspendio clamabat: 'noli, noli, frater; non ita iurauimus Christo: accusabo te, cum ante thronum eius terribilem uenerimus, quia super corpus et sanguinem eius iurauimus, ut pro eo inuicem patiamur.' Ista dicens et alia multa confortauit germanum ad praelium passionis, qui clamans ingenti uoce dicebat: 'adigite suppliciis quibus uultis et poenis Christianos artate crudelibus; quod frater meus facturus est, hoc etiam ego'. Quantis iam lamminis ignitis adusti sunt, qualibus ungulis exarati, quibus cruciatibus torti, ipsa res docet, quod eos ipsi tortores a sua facie proiecerunt dicentes: 'istos imitatur uniuersus populus, ut nullus ad nostram religionem penitus conuertatur'; et praecipue quia nulli liuores, nulla poenarum uestigia in eis penitus uidebantur.

29 (V, 6) In Tipasensi uero quod gestum est Mauretaneae maioris ciuitate, ad laudem dei insinuare festinem. Dum suae ciuitati Arrianum episcopum ex notario Cyrilae ad perdendas

16 cf. Ps. 50, 13.

1 tambianensem *W* tabayensem *M* tabaiensem *a* tambadensem *β* quisq: ad BV^1 queq; ad certamina martyrum quis potest explicare *Ms* 3 secure *W* ut rogarent *BWaβ* ut rogauerunt V^1C^1 et rogauerunt V^2C^2MsL 4 ut] et BV^1C^1WaPR supplicia BV^1C^1 6 petiit *C* se *Waβ* inducias *WMsaLbR* 7 et] ei *aβ*: *om.* WC^2s^2L; *cf. Ind. III 'part. praes. = uerb. finit.'* uspendio *P* 8 noli noli] noli mi *a* 9 eius *ante* terribilem *om.* *φ* 11 patimur BV^1 et alia dicens *C* multa *om.* *β* 12 proelium *Wb* addicite *PR* adicite *b* 13 et uultis *β* arctate *a* 15 laminis *a* qualibus] quabus V^1 quibus V^2Ms ungulis] singuli *β* 17 facie sua *MsL* 19 libores *B* 21 uero *om.* Ms^1 mauretaneae *BVWMs*: mauretaniae *C* mauritanee *a* mauritaniae *rell.* 22 insinuare *om.* *β* festinem *BWab*: festimemus *V* festinemus *rell.* 23 arrianorum *b* cyrillae *Ma*

animas ordinatum uidissent, omnis simul ciuitas euectione
nauali de proximo ad Hispaniam confugiuit relictis paucissimis,
qui aditum non inuenerant nauigandi. Quos Arrianorum epi-
scopus primo blandimentis, postea minis conpellere coepit, ut
eos faceret Arrianos. Sed fortes in domino non solum suadentis
insaniam inriserunt, uerum etiam publice mysteria diuina in
domo una congregati celebrare coeperunt; quod ille cognoscens
relationem occulte Carthaginem aduersus eos direxit. Quae 30
cum regi innotuisset, comitem quendam cum iracundia dirigens
praecepit, ut in medio foro, congregata illuc omni prouincia,
linguas eis et manus dextras radicitus abscidisset. Quod cum
factum fuisset, spiritu sancto praestante ita loquuti sunt et
loquuntur, quomodo antea loquebantur. Sed si quis incredulus
esse uoluerit, pergat nunc Constantinopolim, et ibi reperiet
unum de illis, subdiaconem Reparatum, sermones politos sine
ulla offensione loquentem; ob quam causam uenerabilis nimium
in palatio Zenonis imperatoris habetur, et praecipue regina
mira eum reuerentia ueneratur.

(V, 7) Sed quis congruo sermone possit exsequi aut coacer- 31
uare diuersitates poenarum, quas ex iussu regis sui etiam
ipsi Uuandali in suos homines exercuerunt? In ipsa quoque
quae gesta sunt Carthagine si nitatur scriptor singillatim
astruere etiam sine ornatu sermonis, nec ipsa nomina tormen-
torum poterit edicere. Quae res hodieque posita in promptu
demonstrat. Alios sine manibus, alios sine oculis, alios absque

2 nauali de] ualide *β* de *om.* *α* ispaniam *W* ad Hispaniam *om.* $BVCMs^1L$ confugiunt *CMs* confugit *αLb* 3 quia dictum V^1C^1P quia ductum C^2 6 ministeria *α* 7 celebrare congregati VC^1Ms 8 carthagini *αβ* 9 innotuissent $V^2C^2s\alpha\beta$ 10 omne BV^1C^1 omnia *PR* 11 ei *α* dexteras *φ* absidisset *W* Quod cum factum fuisset] et (*sic*) *β* 12 loquuti *BV*: locuti *rell.* 13 locuntur *CMsaLβ* 14 uoluerint *W* reperiet $MaLb^2$: repperiet *rell.* 15 subdiaconum *β* polytos *W* 19 exequi $\varphi WaLP^1b$ coaceruate *C* 20 iussa *P* 22 quae *om.* BVC^1M scripto scriptor (*sic*) *W* 23 nomin// *P* 24 dicere *β* promtu *BWLP* 25 demonstratur *Ms* manibus aliis *B VC* abque *W*

pedibus, alios truncos naribus auribusque intendas, aliosque uideas nimio suspendio palis euulsis caput, quod eminere solebat, in medio scapularum fuisse demersum, dum iugiter in altis aedibus suspendio cruciantes impulsione manuum funibus agitatis per uacuum aërem huc atque illuc faciebant uagari pendentem. Qui nonnumquam diruptis funibus de illa altitudine suspensionis ictu ualido conruentes, plurimi arcem cerebri cum oculis amiserunt, alii confractis ossibus spiritum continuo red-
32 diderunt, alii post paululum exalauerunt. Sed qui hoc fabulosum putat, Uranium Zenonis legatum interroget, cuius praesentia praecipue gesta sunt, illa scilicet causa, quia ueniens Carthaginem sese pro defensione ecclesiarum catholicarum uenisse iactabat. Et ut illi ostenderet tyrannus neminem formidare, in illis plateis uel uicis pluriores tortores et crudeliores statuit, in quibus legatis moris est ascendendo ad palatium et descendendo transire: ad obprobrium uidelicet ipsius rei publicae et in nostri iam deficientis temporis faecem.

33 (V, 8) Tunc igitur et quaedam uxor cuiusdam cellaritae regis, nomine Dagila, quae temporibus Geiserici multotiens iam confessor extiterat, matrona nobilis ac delicata, flagellis et fustibus omnino debilitata exilio arido et inuio relegatur, ubi nullus hominum forte consolationis gratia ueniendi haberet accessum, relinquens cum gaudio domum, maritum simul et filios. Cui postea oblatum esse dicitur, ut in mitiori heremo translata frueretur, si uellet, solacio sociorum. Illa uero in-

2 susspendio *W* spatulis *a β* capud *C* 3 dimersum *WL* 4 inpulsione *WPb* manum *W* 5 pendentes *Ws*² 6 disruptis *WaPb*¹*R* 7 celebri *P* 8 confractib: *BV*¹*C*¹ rediderunt *b* 9 palulũ *V*¹ 10 anium *β* 11 causam *BV*¹ 12 carthagini *β* 13 et ut] ut et *β* tyrrannus *W* 14 in illis] illis *β* 15 est ad palatium ascendendo (ascendo *V*¹*C*¹) et descendendo (descendo *V*¹*C*¹) *φ* 16 denscendendo *P* descendo *bR* ipsius *om. a* rei puplice *P* 17 in *om. Wβ* nostris *BVC*¹ *Ms*¹ fecem *mss* 19 daliga *φ* dagilu *W* dagilium qui *β* 20 confersor *B* conuersor *V*¹*C*¹ e conuerso restiterat *C*² 21 debelitata *et* relegata *a* religatur *W* 23 et] ac *a* 24 filium *β* oblitum *BV*¹*C*¹ (*cf. Roensch 296*) in *om. W* 25 fueretur *W* ingentẽ *BV*¹*C*¹ ingens *rell.*

gentem sibi adesse credens gaudium, ubi nullum humanum
esse consolantis affectum, ne fieret supplicauit.

(V, 9) Tunc etiam Eugenio pastore iam in exilio constituto 34
et uniuersus clerus ecclesiae Carthaginis, caede inediaque mace-
ratus, fere quingenti uel amplius, inter quos quam plurimi
erant lectores infantuli, gaudentes in domino procul exilio
crudeli traduntur. Sed libertatem tunc, dum media urbe caede-
rentur, Murittae diaconi ceteris liberiorem tacere non debeo.
Fuit quidam Elpidoforus nomine nimium crudelis et ferus, cui
fuerat delegatum membra confessorum Christi suppliciis gras-
santibus laniare. Hic enim dudum fuerat aput nos in ecclesia
Fausti baptizatus, quem uenerabilis Muritta diaconus de alueo
fontis susceperat generatum. Post uero dum apostataret, tantae
extitit feritatis aduersus ecclesiam dei, ut superior omnibus
exsecutor persecutionis fuisset inuentus. Quid multa? Dum 35
primo presbyteri suppliciis macerandi ordine citarentur, post
archidiaconum Salutarem artatur poenis memoratus Muritta;
fuit enim secundus in officio ministrorum. Qui cum Elpidoforo
sedente et fremente honorabilis senior coepisset extendi, prius-
quam exueretur, clam forte nescientibus cunctis illa, quibus
eum suscipiens de fonte dudum texerat, sabana baiulabat.
Quibus uentilatis simulque in ostensione cunctorum extentis
in his uerbis totam ad fletum et lacrimas commouisse dicitur
ciuitatem: 'haec sunt linteamina, Elpidofore minister erroris, 36

22 Esai. 6, 13.

1 nullus C^2aL humane C^2 humanus aL 2 esset $C^2aL\beta$ affectus C^2L accessus a effectum P 4 et *om.* aL maceratur Lb 7 traduntur αW (*cf. II, 37* tali exilio mancipatis = traditis) truduntur bR tunduntur P libertatem Ws^2aL: liber tamen BVC M libertate PR liberate b cum de media W 8 muritae b liberiorem sermonem V^2Ms^1 9 helpidoforus W feruus W 10 crassantibus $BVCWsaPb^1$ 11 aput] *sic* BWa fuerat apud nos dudum β 12 murritta W murita b alueo] alieno P 16 presbitero (prb̃o V) BV^1 17 arcidiaconum B archidiaconus salutaribus C^2 aptatur β murita b 18 helpidoforo W 21 eam P baiolabat ML 22 extensione a 23 totum BV^1 tota W 24 ciuitati BV^1 sunt *om.* P

quae te accusabunt, dum maiestas uenerit iudicantis; custodientur diligentia mea ad testimonium tuae perditionis, ad demergendum te in abysso putei sulphurantis: haec te inmaculatum cinxerant de fonte surgentem, haec te acrius persequentur, flammantem gehennam cum coeperis possidere, quia induisti te maledictionem sicut uestimentum, scindens atque amittens ueri baptismatis et fidei sacramentum. Quid facturus es, miser, cum serui patris familias ad cenam regiam congregare coeperint inuitatos? Tunc te aliquando uocatum terribiliter indignatus exutum stolam rex conspiciet nuptialem dicebitque tibi: amice, quomodo huc uenisti uestem non habens nuptialem? non uideo quod contuli, non cognosco quod dedi. Perdidisti militiae clamidem, quam in tela uirgineorum membrorum decem mensibus texui et tendiculae crucis extendens aqua mundaui et purpura mei sanguinis decoraui. Non conspicio cultum signaculi mei, caracterem non uideo trinitatis: talis interesse non poterit epulis meis.

37 Ligate eum pedibus et manibus funiculis suis, quia se ipse uoluntarie separare uoluit a catholicis dudum fratribus suis. Ipse funes extendit continuatos in laqueum, quibus et semet ipsum uinxit, et alios, ne ad istud uenirent conuiuium,

6 Ps. 108, 18. 11 Mt. 22, 12. 20 cf. Ps. 139, 6.

3 dimergendum *WPR* et ad mergendum *M* abyssum $s^2\beta$ abissum *Wa* 4 cinxerunt *bR* cincxerunt *P* persequentẽ BV^1 5 flamantem *b* gehenam *W* qui *P* 6 te *om.* *Ms* maledictione *et* uestimenta *b* scindens . . . sacramentum *om.* *W* 7 admittens *P* 9 congregari *PR* 10 stola C^2sa conspiciet et Ms^1 conspiciens *β* 11 nuptiali C^2s dicebitque BVC^1WsR: dicebatque *P* dicetque C^2MaL dicet/// *b* 13 cogno *W* quam] quae *b* 14 uirgine horum VC^1Ms^1 membrorum] m. gestator (-ur *ab*) *aβ* decem] nouem C^2 texui b^2: texi *rell.* tendicula *a* tendiculo Ws^2b^2 15 aquam $BVMs^1aL$ mandaui V^1 purpuram *BVPR* 16 docoraui *B* conspicio cultum signaculi] conspiciunt oculi *BVCML* caractere *B* caractarem *P* 17 non uideo] nouudõ V^1 nouum deifice V^2M non conspitio occultũ signaculi mei caracterem non uideo trinitatis amicum *sic* Ws^2 18 manibus et pedibus *aβ* ipse se *a* 19 separari *P* a *om.* *P* dudum *om.* *β* 20 quibus ut *PR* 21 iuncxit *W* uerent BV^1

inpediuit. Juxta semitam multis scandalum posuit, quem nunc cum rubore perpetuo et dedecore sempiterno de conuiuio meo proieci'. Haec et alia Muritta dicente igne conscientiae ante ignem aeternum obmutescens Elpidoforus torrebatur.

(V, 10) Parantes itaque uniuersi dorsa sua uerberibus alacres 38
ad exilium pergunt. Quibus adhuc in itinere longioris uiae constitutis destinantur, episcopis Arrianorum suggerentibus, homines inmisericordes ac uiolentes, ut illud, quod eis forte miseratio Christiana uictui contulerat profuturum, crudeliter auferretur. Quando unusquisque eorum libentius forte cantabat: 'nudus exiui de utero matris meae; nudum me oportet ad exilium pergere, quia dominus nouit esurientibus cibum porrigere et in deserto uestire'. Nam et Uuandali duo, sub Geiserico saepius confessores, comitante matre, contemptis omnibus diuitiis suis, cum eisdem clericis ad exilium perrexerunt. De multitudine autem pergentium confessorum, id est 39
ecclesiae Carthaginis clericorum, suggerente quodam ex lectore Teuchario perdito, quos ille nouerat uocales strenuos atque aptos modulis cantilenae, designatione sua debere dicit duodecim infantulos separari, quos ipse, dum catholicus esset, tunc discipulos habuit. Statim illo suggerente sub festinatione ueredi mittuntur, et ui barbarici furoris bissenus numerus puerorum de itinere reuocatur. Segregantur corpore, non spiritu

1 l. c. 12 Iob 1, 21.

2 robore *B*V^1 decore *P* 3 murita *b* multa *a* consientiae *V* 4 obmutiscens *ab* corriebatur *C* 6 parentes *BVM*s^1a^1*P* utique *M* uerbebus *W* 7 itenere *s* 8 destinatur *B*V^1C^1 9 uiolenti C^2*W*s^2*Lβ* 10 contulerant *B*V^1s^1 11 aufereretur *W* 12 utero] uentre *a* matri *W* nudum etiam *Wβ* 16 peruenerunt *W* 17 confessores *VM*s^1 18 clericorum] electorum *W*s^2 quoddam *W* lectore *a* 19 theuchario *W*s^2*L* theochario *M* theucario *β* 20 catilinae *V*s^1 21 separare V^1 22 discipulus *b* abuit *P* 23 ueredi mittuntur *ego* (II, 38): uero dimittuntur *BVWsPR* uiri dimittuntur *ab* uiri/// mittuntur *C* dimittuntur *M* uiro dimittuntur *Lv* ui] in *MP* bissenos numeros *B*Vs^1 24 reuocantur V^2

a grege sanctorum; qui timentes praecipitium cum suspiriis lacrimarum, ne diuellerentur, constringebant manibus genua sociorum: quos uiolentia tamen heretica minacibus separans
40 gladiis Carthagini reuocauit. Sed dum cum eis, quasi cum tali aetate, non blanditiis ageretur, superiores suis inuenti sunt annis, et ne obdormirent in mortem, lucernam sibi euangelici luminis accenderunt. Indignantur ob hoc grauiter Arriani et se superatos a pueris erubescunt; unde accensi subdi iugiter fustibus iubent, quos iam ante paucissimos dies uariis uerberibus dissipauerant. Inprimuntur uulneribus uulnera et rursum poena restaurata crudescit. Factum est domino confortante, ut nec aetas minor deficeret in dolore et magis animus cresceret roboratus in fide. Quos nunc Carthago miro colit adfectu et quasi duodecim apostolorum chorum conspicit puerorum. Una degunt, simul uescuntur, pariter psallunt, simul in domino gloriantur.

41 Illis diebus et duo negotiatores, Frumentius et alius Frumentius ipsiusdem urbis, egregio martyrio coronati sunt. Tunc et septem fratres non natura, sed gratia, simul in monasterio commanentes, confessionis certamine expleto inmarcescibilem peruenerunt ad coronam [id est Liberatus abba, Bonifatius diaconus, Rusticus subdiaconus, Rogatus monachus, Septimus monachus et Maximus monachus].

6 cf. Ps. 12, 4.

2 constrigebant *W* constringeban *b* 3 minatibus *W* 4 gladii BV^1C^1 dum *om.* $BVCMs^1L$ 5 tale P^1 blanditus *B* blanditer *C* blanditiis sed uerberibus Ws^2 8 a pueros a^1b^1 9 iugiter *ego*: igitur $BVCs^1$ iterum $Ws^2a\beta$; *om.* C^2ML 10 dissiparant β 11 restaurat BV^1 14 corum *P* 15 sallunt *P* 17 et duo] duos *W* negutiatores *B* negatiatores *b* 18 ipsi eiusdem $Ca\beta$ ipsius *Ms* eiusdem *Lv* 19 simul in monasterio simul *b* 20 inmarcessibilem VCs^1a 21 id est *et rel.*] *nomina e Pass. §. 7 neque integre neque eodem ordine inlata deleui* abbas *Lb* bonefacius *a* bonifacius $sL\beta$ 22 diaconorum *W* *ante* Rusticus *WL addunt* seruus subdiaconus rogatus monacus *P* 23 septiminus *BW* Sept. mon. *om.* $C\beta$ et Max. mon. *om.* *C* maximus monacus *P*

(V, 11) Nam illo tempore crudelius Arrianorum episcopi, 42
presbyteri et clerici cum rege et Uuandalis saeuiebant. Nam ad persequendum ipsi cum suis clericis ubique gladiis accincti currebant; sicut quidam episcopus inter illos, ceteris crudelior, Antonius nomine, qui tam nefaria et incredibilia in nostris exercuit, ut narrari non queant. Fuit iste in quadam ciuitate proxima heremo, quae Tripolitanae prouinciae uicinatur: qui ut bestia insatiabilis, catholicorum sitiens sanguinem, huc illucque ad rapiendum rugiens excurrebat. Nam impius Huni- 43
ricus sciens Antoni ferocitatem in ipsis heremi partibus uoluit sanctum Eugenium relegare. Quem dum custodiendum Antonius accepisset, ita eum artiori custodia cinxit, ut nullum ad eum introire permitteret, insuper uariis insidiarum atque poenarum suppliciis extinguere cogitaret. Sed Eugenius sanctus, dum nostrae persecutionis defleret incommoda et asperitate cilicii senilem adtereret corpus, nudamque super humum cubitans stratum sacci sui rigaret imbribus lacrimarum, aliquando sensit infestum paralysis morbum. Quo nuntio in gaudio conuersus 44
Arrianus pergit festinus ad cubilem exilii hominis dei; et cum uideret urguente passione uerum pontificem balbuttientia uerba producere, cogitauit simul extinguere, quem superesse nolebat. Praecepit ut acetum asperum nimisque acerrimum quaereretur; qui, cum fuisset allatum, uenerabilis senis recusantibus et nolentibus faucibus ingerebat. Nam si communis dominus, qui

2 presbiterici *B* et *ante* clerici *om. b* cum *ego*: quam *mss* rege et *BV¹W* reges et *L* rex et *V²CMsβ*; *om. a* uuandalis *W*: uuandalos *BV¹* uuandali *rell.* seruiebant *V¹* feruebant *V²M* 3 clericis suis *a* accinti *Ws* 5 incredebilia *V* nostros *φWL* 9 fugiens *BV¹CaL* furens *V²Ms* uniricus *B* hunericus *MaL* honoricus *β* 10 antoni *BV*: antonii *rell.* 11 religare *W* dum ad *W* 12 uinxit *a¹* 13 insuper eum *a* insidiatorum *b* 16 senile *mss praeter BV¹s* 17 saccis ui rigaret *VC¹* saccis (sacci *b*) inrigaret *Mβ* 18 parilysis *BVs* gaudium *Ws²* 19 cubile *mss praeter BV¹* exiilii *W* eximii *φL* 20 balbutientia (-cia *a*) *MsaLb* 22 acętu *W* 23 qui *BV¹*: quod *V²CWMsaβ* cui *L* adlatum *Pb¹* uenerabili senis *B²V C¹* uenerabili seni *C²aβ* 24 faucibus *om. W* si] sicut *β*

ad hoc uenerat ut potaret, cum gustasset noluit bibere, quanto magis iste seruus et confessor fidelis omnino nollet, nisi heretica feritas ingessisset! Ex quo aceto praesertim illi passioni noxio morbus accepit augmentum; cui pietas Christi misericorditer subueniens postea sanum exhibuit.

45 (V, 12) Alio autem nostro episcopo Habetdeum similiter relegato Tamallumensis ciuitatis, in qua Antonius fuerat, quantum potuerat infestari, res ipsa demonstrat. Nam cum diuersis eum persecutionibus adfligeret nec posset facere Arrianum, uideretque Christi militem semper in confessione constantem — promiserat enim suis dicens: 'nisi eum nostrae fecero religionis, non sit Antonius'; — at ubi in sua promissione minor inuentus est, suggerente sibi diabolo cogitat aliud.

46 Pedibus manibusque ligatis uinculis ingentibus artat episcopum, oreque obturato, ne lingua clamaret, aquam corpori ut putabat rebaptizationis spargit: quasi ualeret conscientiam ligare cum corpore, aut non aderat qui *audit gemitus compeditorum* et cordis secreta rimatur, uel superare posset aqua mendax tantae uoluntatis propositum, quem iam homo dei metantibus lacrimis miserat legatum in caelum. Exuit statim uirum uinculis et tali quasi gaudens prosequitur uoce: 'ecce iam, frater Habetdeum, noster Christianus effectus es; quid ultra facere poteris, nisi ut uoluntati consentias regis'? Cui Habetdeum: 'illa est, impie Antoni, mortis damnatio, ubi

17 cf. Ps. 101, 21.

1 potaret] pateretur C^2 portaretur M^1s^1 potaretur M^2s^2 2 omino *W* 3 ueritas V^1 ingesisset *C* ingessiset *W* 4 obnoxio a^1 accipit *PR* aucmentum *W* argumentum *P* cui]cum *a* 6 ep̄m *W* habetdeus *a* 7 religato *WPR* tam alumensis *M* tamullumensis *a* 8 potuerit *aβ* 9 posse BV^1 potesset b^1 12 religioni *P* sit] sum V^2Msb^2 non sit antonius antonius C^2 13 cogit *B* 15 obdurato *CM* opturato *β* aqua *B* 16 aspergit *b* conscientia BV^1 18 et *om. a* superaret posset *W* 19 uoluntis p̄ropositum (*sic*) *V* praepositum *PR* quem] quã C^2 quod Ws^2aL 20 metentibus *a* ligatum *PR* in caelum legatum *a* exuet BV^1 21 ecce iam] ecclesiae Pb^1R 22 habetdeus *a et sic deinceps* nostrae *PR* quid . . . regis *om. β* 24 impię *BV* antonii BV^1C^1M

uoluntatis tenetur adsensio. Ego fidei meae tenax, uocibus confitens crebris, quod credo et credidi, clamando defendi. Sed et posteaquam catenis uinxisti et oris ianuam obpilasti, in praetorio cordis uiolentiae meae scribentibus angelis gesta confeci et lectitanda imperatori meo transmisi'.

(V, 13) Erat quidem generalis ista uiolentia tyrannorum. 47
Nam Uuandali pro hac re ubique fuerant destinati, ut transeuntes itinera sacerdotibus suis adducerent iugulandos. At ubi eos fallacis aquae gladio peremissent, indicium eis perditionis scriptura teste tradebant, ne alibi simili uiolentia traherentur, quia non licebat siue priuatis siue negotiatoribus alicubi transire, nisi descriptam caracteris indicio suam miseri ostenderent mortem; quam per reuelationem seruo suo Iohanni olim iam ostenderat Christus, ubi dicit: *nulli licebit aliquid emere uel uendere, nisi qui habuerit caracterem bestiae in fronte sua et in manu sua.* Nam et episcopi atque 48
presbyteri illorum cum armatorum manu nocturnis temporibus uicus uel oppida circuibant, et sic despicatis postibus ianuarum aquam gladiumque gestantes animarum praedones intrabant; et quos domi reppererant, alios forte in lectulis soporatos, imbre igneo atque fulmineo respergentes daemonica uociferatione Christianos suos ipsi pariter uocitabant, ut ludum prorsus suae

14 Apoc. 13, 16—17.

1 assentio *a* ergo *M* meae *om.* *W* 2 confite *W* credi BV^1C^1 et credidi et *a* 3 cathenis *Wβ* uincxisti *b* ianua *B* opilasti *WM* 4 praeterio *W* subscribentibus *aβ* 5 et *om.* *Wa* lectitanda V^2C: lectitandam BV^1MsPR lectitandaque *W* lectitandum *ab* 6 quidam $BV^1Ms^1L^1Pb^1R$ quaedam *Halmius* generanis *P* 8 ad BV^1C^1 9 iudicium *ab* 10 scripturę V^1 simili] sibi $B^1VC^1Ms^1$ siui B^2 sua *L* 12 decriptam *B* descripto V^2CMs miseri] amiseris *P* miseris *bR* ostenderet *P* 13 per uelationem C^1 iam *om.* *aL* 14 ostenderet $V^1C^1s^1$ liceuit *B* 15 uel] aut *a* carractaerem *b* 18 uicos *mss praeter* BV^1 sic *om.* *M* despicatis postibus] despicatibus BVC^1Ms^1L despicatis ianuis C^2 inuarum *W* 20 reppererant] *sic* *BVCWsab* aliis BV^1C^1 alio *W* in lectulis forte *a* 21 respargentes *a* daemoniaca *Wa* dominica *β*

hereseos quam aliquam religionem ostenderent. In quo minus capaces et ignaui impletum in se pollutionis sacrilegium imputabant, prudentiores uero nihil sibi, quod nolentibus atque dormientibus ingestum est, obesse gaudebant. Nam et multi eadem hora cinerem capitibus suis iniecerunt, alii sese, uel quia factum est, cilicio lugubri texerunt, nonnulli caeno fetido linierunt et linteamina uiolenter inposita per fila consciderunt atque in latrinis fetidisque locis manu fidei proiecerunt.

49 (V, 14) Tali uiolentia nobis uidentibus ibi Carthagine filius cuiusdam nobilis annorum circiter septem iussu Cyrilae a parentibus separatus est, matre sine uerecundia matronali solutis crinibus post raptores tota urbe currente, infantulo clamante ut poterat: 'Christianus sum, Christianus sum, per sanctum Stephanum Christianus sum'. Cui et os opturantes
50 insontem infantiam in suum gurgitem demerserunt. Ita de
filiis medici uenerabilis Liberati factum esse probatur. Nam cum iussu regis cum uxore et liberis ad exilium mitti iuberetur, cogitauit impietas Arriana a parentibus paruulos filios separare, ne posset per pietatis affectum etiam uirtutem prosternere genitorum. Disconiunguntur tenera pignera filiorum. Qui cum uellet lacrimas emittere, auctoritate uxoria increpatus, in ipso meatu exitus sui ilico lacrimae siccauerunt. Ait enim

1 heroseos *b* qua mali quã V^1C^1 tam malis quam irreligione C^2 3 sibi] si *P* nollentibus W^1 uolentibus *PR* 5 horam BV^1W suis capitibus *β* 6 texuerunt $BVCWs^1aL$ ceno *sPRL* coeno *b* fętido *BVCWML* 7 perfida *a* conscinderunt *PR* 8 in *om. W* faedisque *W* 9 talis B^1 10 iussum BV^1 cyrille *Ma* 11 separata *P* matre *om.* BVC^1Ms^1 12 currentẽ $BVMs^1$ quoque clamante C^2 13 Christianus sum *bis tantum habet C* per *om.* $C^2ML(s^1?)$ 14 sanctum Stephanum *om.* $BVCMs^1L$ et *om. a* obturantes *VCWs* obdurantes *ML* 15 insontes V^1 gurgite BV^1 dimerserunt *LPR* 17 iubetur *β* 18 paruolos *W* 19 ne BV^1C: ut V^2WMsab non *PR* possent *W* etiam *om. Pb* 20 disiunguntur *mss praeter* BV^1C tenera] a parentibus tenera *aβ* pignora *MaL* 21 Qui cum] qui liberatus cum *a* uellet] uellet liberatus *β* mittere Pb^1R increpatur *W* 22 meato BV^1 meatus *M* exitu *C* enim et] enim ei V^2C^2MsL

et coniux: 'et propter filios, Liberate, perditurus es animam tuam? computa eos non fuisse natos; nam et ipsos omnino uindicaturus est Christus. nonne uides eos clamantes et dicentes: Christiani sumus'? Sed haec mulier quid in conspectu 51
iudicum egerit, tacendum non est. Nam cum ipsa uel maritus, licet seorsum, carceris tamen custodia tenerentur, ita ut se penitus non uiderent, mandatur mulieri diciturque illi: 'solue iam duritiam tuam; ecce uir tuus paruit imperio regis et noster factus est Christianus'. Aitque illa: 'uideam illum et faciam et ego quod uoluerit deus'. Educta igitur de carcere inuenit uirum suum stantem cum ingenti multitudine pro tribunalibus conexum, et uerum aestimans quod finxerant inimici, iniecta manu adprehendens ora uestimentorum eius gutturi proxima, uidentibus omnibus suffocabat eum dicens: 'perdite et reprobe, gratiae dei et misericordiae eius indigne, quare uoluisti ad modicum gloriare et in aeternum perire? quid tibi proderit aurum, quid argentum? numquid liberabunt te de camino gehennae'? dixit et alia multa. Cui maritus respondit: 'quid pateris, mulier? quid tibi uidetur aut quid forte de me audire potuisti? ego in nomine Christi catholicus permaneo, nec amittere potero aliquando quod teneo'. Ubi heretici mendacii sui conscii et detecti fallaciam suam colorare minime potuerunt.

(V, 15) Et quia superius de uiolentia inmanitatis eorum 52
breuiter diximus, hanc plurimi metuentes alii se in speluncis, alii in desertis locis uiri uel feminae nullo sibi conscio sese claudebant, et ibidem nulla succurrente sustentatione ciborum fame uel frigore uicti contritum et contribulatum spiritum

1 coniunx *CWaLb* et] en *aLb*; *in C & eras. est* 3 esset BVC^1s^1 7 mandaturque *W* mulier *P* 8 iam *om. W* impio *P* 9 ait V^2 atque C^2 10 et ego] ego φWab^2 et ducta b^1 12 fecerant BVC^1s^1L dixerant C^2 13 oram (horam *a*) *Ca L*: *om.* β 14 proximam *CaL* 15 prodite *P* gratia *ab* misericordia $a\beta$ ei *P* 16 gloriari *mss praeter* BV^1 17 quod tibi V^1 21 ibi Ws^2 22 eretici *b* et *om. a* tetecti C^1 detectim b^1 26 nullos ibi BV^1 27 succurrentes BV^1 sustentatiotione *sic V*

exalabant, inter haec adflictionis incommoda inuiolatae secum fidei securitatem portantes. Sic enim Cresconius presbyter Mizeitanae ciuitatis in spelunca Ziquensis montis repertus est, putrescente iam solutus cadauere.

53 (V, 16) Et quia de sancto Habetdeum praefati iam sumus,
pergit tunc ad Carthaginem, adire censuit nefarium regem, ut
conscientiam suam, quam semper familiarem trinitas habuit
et amicam, etiam hominibus faceret manifestam; nec eum
retinere potuit Antonius propter uerecundiam suam. Offert
impiissimo regi libellum in hac similitudine uerborum: ‘Quid
quaeso iam cum proiectis habetis? quid cum eis, quos exilio
relegastis, cotidie dimicatis? Abstulistis substantiam, ecclesiis,
patria domibusque priuastis; sola anima remansit, quam capti-
uare contenditis. O tempora, o mores! uniuersus haec mundus
intellegit et ipse qui persequitur uidet. Si fides dicitur quam
tenetis, quid uerae fidei membra tantis persecutionibus agitatis?
quid uobis cum exilio nostro, quid uobis cum egenis in saeculo,
quorum est uita semper in Christo? Liceat saltem gaudere
consortio bestiarum eis, quos abiecistis a facie omnium popu-
54 lorum’. Dum haec et his similia pontifex dei dixisset, scele-
ratus tyrannus hoc ei mandasse perhibetur: ‘uade ad episcopos
nostros, et quod tibi dixerint sequere, quia ipsi huius rei habere
noscuntur per omnia potestatem’. Sed neque Antonium haec
res ab insania potuit reuocare, sciens se magis impio regi ob

1 affictionis icommoda *W* 2 securitate *BPF* sucuritatem *C*^{1} cresconus *β* 3 mizetanae *Wb* mizatiane *a* quizensis *β* quitensis *F* reppertus *PR* 4 putrescenti *βF* 5 habetdeus *a ut solet* iam *om. a* 7 trinitatis *WPb*^{1}*RF* 10 bellum *b* 11 prouectis *aβF* quos] quod *BV*^{1}*W* 12 religastis *BVC*^{1} religatis *W* relegatis *Pb*^{1}*RF* dicatis *W* dominicatis *P*^{1}*RF* 13 priuatis *MPb*^{1}*RF* 14 contemp(tep *P*)nitis *Pb*^{1}*R* O tempora] *cf. Cic. in Cat. I, 1, 2* 16 tenes *Pb*^{1}*RF* fide| imbra *B et V*^{1} fidei imbrã *V*^{2} fidei umbrã *CMs* 18 saltim *ML* 20 hae *P* is *F* 21 peribetur *b* 22 regi *W* habere huius rei (regi *b*) cognoscuntur *βF* 23 omnč *PRF* 24 magis *om. a* impio regi *ego* (impio *in* impio *transiit ut in titulo Passioni praefixo*): imperio regi *BVs*^{1}*PRF* imperio regis *rell.* imperioso regi *Halmius* imperio regio *E. Ludwig*

hoc multum posse placere. Habetdeum uero episcopus gaudens bono conscientiae suae ad locum exilii maluit remeare.

(V, 17) Ea tempestate facta est incredibilis fames et coepit 55
Africam totam una depopulatione uastare. Nullus tunc adfuit imber, nulla prorsus gutta de caelo profluxit: nec frustra, sed uero et iusto iudicio dei, ut ubi persequentibus Arrianis caenosi gurgitis aqua ignis et sulphuris bulliebat, indulgentiae caelestis, quae semper adfluenter aderat, pluuia negaretur. Lurida remanserat terrae facies omnis. Non uitis tegebatur aestate panpineis opacata uirgultis, non sata respersa uultus cespitum uiridabant, non olea semper uiridis foliisque repleta iucundis decoris sui consuetum tegmen habebat, non pomorum uirgulta maritante tellure gemmas produxerant florum, postea fructus, ut adsolent, editurae. Tristia fuere tetraque omnia, et par pestilentiae 56
clades Africam confuderat omnem. Non hominibus, non iumentis germinantis herbae ediderat tellus omnino uirorem. Aruerant dudum currentium impetu praecipiti aluei fluminum, fontiumque crispantes perennitate subtracta pariter siccauerant uenae. O u e s e t b o u e s u n i u e r s i, i n s u p e r e t p e c o r a c a m p i simulque bestiae siluarum inedia consumente nusquam penitus uisebantur.

18 cf. Ps. 8, 8.

1 multum *om.* *b* placare *P* uere epm *BVCWMsL* gaudentem C^2Ws^2L 2 bone *C* meare *W* 3 incredibiles BV^1 4 affuit *mss praeter* *BVb* 5 fustra C^1 6 iusto et uero *βF* caenosi Wb^1: coenosi *BVC* cenosi $MsPb^2F$ 7 aquam *abF* sulphoris *BW* sulphur *ab* ibi indulgentiae Ws^2 8 adherat *βF* 9 panpineis *BVCbWs* pampineis *rell.* 10 opocata *a* opagata Pb^1RF respersa. non uultus *C* uiridebant *φ* uiridabat Pb^1RF 11 oleo BVC^1Ms^1 oliua C^2 iocundis $\varphi WaLb^2$ 12 tecmen *W* 14 editurae (*scil.* pomi) BVC^1MsL; *cf. Indic. III* '*constr. ad sens.*' redituręę *PRF* redditurę b^1 editura C^2Wa redditura b^2 edituras *Halmius* tristitia BVC^1s^1 terraque *BVM* traq; C^1s^1 tristaque *PRF* tristiaque b^1 terre ab^2 et] ut *L* pars *βF* 15 confunderet BVC^1s^1L 16 germinantes BV^1CL germinans V^2M herbas V^2C^2ML ędixerat *W* uirorum BV^1C^1 uirori V^2 uirore *M* omnis omnino uiror aruerat C^2 17 impetus *PRF* praecipitati Pb^1F 18 perhennitate *aβF* subtractae *b* siccarant *W* 19 uniuersa C^2F pecara *V* 20 imedia *V* consum ante *C*

Et ubi forte graminosus cespis humida tunc in ualle locatus
pallentem potius quam uirentem nascentis foeni coeperat pro-
ferre colorem, ilico urens et igneus flatus aderat, totum tor-
rendo desiccans, quia puluerea tempestas arido sub aëre deco-
57 quens cuncta omnem nebulauerat locum. Nullum gestum est
tempore illo conmercium; nullum cespitem terrae iuuencis
trahentibus scindens uertit aratrum, quia nec boues suberant
nec castra omnino remanserant. Sed et rusticorum manus alia
interierat, et subinde quae forte superarat, iam sepulturam
quaerebat. Et quia urguente famis incommodo neque conmercia,
ut fati sumus, consuetudini, neque cultura reddebatur debita
terris, iuuenum, senum, adulescentium atque adulescentularum,
puerorum uel etiam puellarum agmina simul et funera, ubi
potuerant, quomodo poterant, passim diffundebantur, circum-
euntes oppida, uicos uel singulas urbes. Conuersi enim in
arcum peruersum atque inritantes deum ad aquam
contradictionis famem patiebantur ut canes, non
ut comederent panem, sed ut infensam sentirent quam nega-
58 uerant trinitatem. Alii diffusi per campos, alii siluarum secreta
petebant, antiquas radices herbarum uel quisquilia alia requi-
rentes. Nonnulli, cum domo niterentur egredi, in ipso limine
conruentes cateruatim fame debellante cadebant; stratae uero
uel semitae cadaueribus repletae exalantium fetore mortuorum

15 cf. Ps. 77, 57; 105, 32; 58, 7.

1 fortes BV^1 cespes *WaLb* 2 nascenti BV^1C^1 faenis *W* fęni *MLR* feni *sab* fine *P* coe(cę-ce-)perant BV^1CMs^1 3 igeus *W* igneas *F* 4 harido *PRF* aridos ubere *BVCM* dequocens BV^1C^1 (*Schuch. II, 483 sqq.*) dequoquens *βF* 7 scidens C^1b^1 8 castra *PRF* astra BV^1 astara V^2C^1 aratra C^2WMs rastra *ab* omnino] omnino usquam *W* usquam omnino *βF* 9 sepultura *BW* 10 inquomodo *W* incommoda Pb^1RF comercia *Pb* 11 fuerant consuetudini *a* 13 puerorum *om. a* uel *om. βF* ubi poterant *a* 14 circumeutes *W* 15 opida *Ma* enim] sunt *a* 16 aquas *a* 17 fame *B* 18 pane *B* infessam *PR* confessam bF^2 19 siluarum secreta] secreta siluae *βF* 20 alia *om.* Ms^1: aliaque Ws^2 aliqua *aβF* 21 domū *b* egredi niterentur *a* 22 famem BV^1 famen b^2 23 repleta BV^1 foetore *BVC* faetore *W*

gradientes uiuos omni ex parte necabant. Nec deerant cotidie
ubique expirantium funera et non fuerat uirtus, quae misera-
tionis inpenderet sepulturam; neque enim sufficiebant ad sepe-
liendum uiui, fame dominante et ipsi post paululum morituri.
Cupiebant singuli libertatem suam filiorumque suorum per-
petuae seruituti redigere, et non poterant inuenire. Montes et
colles, plateae ciuitatum, uiae uel semitae unum omnibus
fecerant ubique sepulchrum, quibus inedia depascens dene-
gauerat uictum. Uuandali autem ipsi, quos et postea frequens 59
multarum prouinciarum spolia et retentio Africae primo fece-
rant diuites, maiore magis inopia torquebantur: et quanto
sibi uidebantur seruorum adgestione superbi, tanto amplius
deficiebant fame torquente defecti. Nullus filium, nullus con-
iugem, nullus proprium tenuit seruum; sed exiens unusquisque
non ubi uoluit, sed ubi ualuit, aut statim defecit aut numquam
omnino rediuit. Urguebatur infelix multitudo ad ipsam se urbem 60
Carthaginem congregare: et dum illuc cateruatim adhuc ani-
mata cadauera confluerent, ubi rex inferendarum mortium
uidit strages, pelli urbe omnes ilico iubet, ne contagio deficien-
tium communem pararet etiam exercitui eius quoque sepul-
chrum. Suis ergo prouinciis et domibus singulos imperat
reuocari; sed nec erant qui reuerterentur, dum uterque sepul-
turam suam in uultu portarent. Et idcirco forte maior rebap-
tizatorum perditio potuit prouenire, quia dum promittitur ab
Arrianis praesentis transactio uitae, nec illud obuenit et mors

1 inuos V^1 in os V^2M omni] morti *P, sed eras.* 2 expirantum *W* non *om. W* 4 mortui *P* 9 frequentia *W solus ex meis* (*in B* ens *in ras. script.; sed litteris* entia *locus omnino non erat*) 10 recentio *W* primos fecerat *βF* 11 torqebantur *B* 12 uidebantur] seruantur *P* adiectione *a* 13 defiebant *W* 14 seruorum *b* 15 deficit *BV* (*Schuch. I, 311 sqq.*) 16 se *om. βF* urbe *W* 17 congregari *b* adhuc cateruatim illuc *βF* adhuc *om. a, qui* cateruatim *post* cadauera *habet* 18 motium *W* 19 cantagio *V* defientium *BVC* (*Rhein. Mus. 1879 p. 639*) 20 commune *Wab* etiam *om. Ms* exercitui] examini *βF* quoque *om. W* 22 erat *BφL* reuerteretur *V²CMsL* (erat . . . reuerteretur?) 23 portaret *ML* 24 potui *BV¹* 25 arriani *W*

sequens primam secunda prouenit. In tantum sibi deuastans uindicauit fames dominium, ut loca nonnulla et admodum populosa habitatoribus extinctis alto nunc silentio parietibus solis extantibus conquiescant.

61 (V, 18) Sed quid ego iam iam inmoror in hoc, quod explicare non queo? Nam si nunc superessent uel eis fari de talibus rebus licuisset, et Tullianae eloquentiae fluuius siccaretur et Sallustius elinguis omnimodis remaneret. Et ut alienos indignos rei tantae praeteream, si Caesariensis surgeret Eusebius ad hoc opus idoneus, aut eius translator Graecae facundiae Latinisque floribus Rufinus ornatus — et quid multa? — non Ambrosius, non Hieronimus, nec ipse noster sufficeret Augustinus. *Audite haec omnes, auribus percipite omnes qui habitatis orbem, quique terrigenae et filii*
62 *hominum, simul in unum diues et pauper.* Nonnulli qui barbaros diligitis et eos in condemnationem uestram aliquando laudatis, discutite nomen et intellegite mores. Numquid alio proprio nomine uocitari poterant, nisi ut barbari dicerentur, ferocitatis utique, crudelitatis et terroris uocabulum possidentes? Quos quantiscumque muneribus foueris, quan-

13 Ps. 48, 2—3.

1 prima *CW* secundam *αW* prouenit *ego* (prouenit rebaptizatis mors secunda i. e. perditio aeterna, sequens mortem primam i. e. naturalem): peruenit *BV*¹*b* praeuenit *rell.* tatum *W* 2 dominum *C*¹*PR* et *om. a* populos *BV*¹*CWPRF* populis *b* 5 iam iam] iam *WaβF* moror *b* 6 nequeo *φa* nunc *om. a* semper essent *W* 7 rebus talibus *βF* et *post* licuisset *om. W* siccarentur *BV*¹ 8 salustius *V*²*MsaL* et linguis *W PR* alie(n)os *V*¹ alios *V*²*CMs* 9 tantae rei *a* 10 non idoneus *V*²*CMs* eis *F* fe(fę-*V*)cundiae *BV*¹*W* 11 ruffinus ornatus non explicarent et quid multa *a* 12 ieronimus *WMa* 13 haec omnes gentes *Ms*²*aβF* omnes *ante* qui *om. β* 14 quique sunt (s̄) *P ut uid.* terriginae *BWPb*¹ (*Schuch. I, 396 sq.*) 16 condepnationem *W* condemnatione *b* condempnatione *aPRF* uestra *BaβF* 17 laudastis *βF* 18 proprio *om. β* uocitare *BVs*¹ uotitari *W* 19 utique et *a* 20 possidentis *PRF* quantiscumque muneribus foueris *om. C* quos quantiscumque delinieris obsequiis muneribus foueris illi *a*

tiscumque delinieris obsequiis, illi aliud nesciunt nisi inuidere
Romanis. Et quantum ad eorum adtinet uoluntatem, semper
cupiunt splendorem et genus Romani nominis nebulare; nec
ullum Romanorum omnino desiderant uiuere, et ubi adhuc
noscuntur parcere subiectis, ad utendum seruitiis illorum
parcunt; nam nullum dilexerunt aliquando Romanum. Si 63
disputare nitebatur de fide nobiscum barbara ferocitas et he-
resis Arriana rationabiliter disputaret — sed quando tenuit
rationem, quae a patre deo deum filium separat saluatorem?
— quare dolis et calumniis egerunt, et uelut spiritus tempe-
statis procella sui furoris totum subuertere uoluerunt? Si dispu-
tatio necessaria fuerat episcopalis, quare suspendia, quare ignes,
quare ungulae simul et cruces? quare Arrianorum serpentina
proles contra innocentes genera talia tormentorum inuenit, qualia
nec ipse Mezentius exquisiuit? Dimicauit contra innocentiam
cupiditas furoris et auaritia crudelitatis, ut et animas perderet
et substantiam arpagaret. Si conlatio desiderabatur, quare
rapinae rerum alienarum non tantum sacerdotum, uerum etiam
omnium laicorum? Sed illi expoliati laetati sunt, et rapinam
rerum suarum cum gaudio susceperunt.

(V, 19) Adsit iam quaeso omnis aetas, omnis sexus omnisque 64
condicio; adsit obsecro omnis turba catholici nominis, quae
gremio materno toto orbe gestatur, quia sola germanum
commodare nouit adfectum, quae didicit a Paulo magistro et
gaudentibus conlaetari et cum lugentibus lamen-

23 cf. Esai. 46, 3. 24 Rom. 12, 15.

4 omnino romanorum *a* 5 parcere subiectis] *cf. Verg. Aen. VI, 853* 6 parcunt *om. BφWL* romanorum *W* 7 ferotitas *W* 8 arriana *om. φ* racionobiliter *P* 9 quae] quando *PRF* 10 gerunt *βF* uelud *b* 11 furoris sui *φ* 12 fuerit *P* fuit *b* 13 crucis *BV*[1] (*Schuch. I, 247*) 15 mezienci(-ti *R*)us *PR* 16 furoris cupiditas *β* crudelitas *P* et ut *W* animam *β* 17 arpagaret [uel arriperet] *a* arriperet *β* 18 tantum] tum *W* 19 omnium *om. Ms* 21 iam *om. a* 23 paterno *Wβ* qui *W* solum *a*[1] 24 a *om. a* 25 lamentare *BV*[1]*aL* (*Roensch 298*) lamentari *rell.*

tare. Conueniant simul ad domum nostri doloris et paribus
oculis fundamus flumina lacrimarum, quia causae et fidei
65 nostrae unum est negotium. Nullum uolo ad condolendum
mecum hereticum conuenire, qui forte addere concupiscit
super dolorem uulnerum meorum et gratulatur co-
tidie malis meis. Nolo, nolo ego extraneum, sed fraternum
quaero adfectum; nolo filiorum alienorum, quorum os
locutum est uanitatem et dextera eorum dextera
iniquitatis, quia filii alieni semper mentiti sunt
mihi, qui inueterauerunt et claudicauerunt a se-
mitis suis. Isti dicunt mihi cotidie: ‘ubi est deus
tuus’? dum adfligitur populus pretioso agni sanguine con-
paratus. Inter quorum obprobria ego ad flagella paratus
cantare non desisto domino flagellanti: amoue a me fla-
gella tua, quia defeci non a fortitudine manus tuae,
66 sed a persecutione heresis Arrianae. Adueniant omnes, qui mecum
angustae uiae carpiunt iter et propter uerba labiorum
dei uias custodiunt duras, et uideant si est dolor
sicut dolor meus, quoniam uindemiata sum in die
furoris domini. Aperuerunt super me os suum om-
nes inimici mei, sibilauerunt et fremuerunt den-
tibus, dixerunt: deuorauimus eam: enim ista est

4 Ps. 68, 27. 5 Ps. 34, 26. 7 Ps. 143, 7—8. 9 Ps. 17, 46. 11 Ps. 41, 4 et 11. 13 Ps. 37, 18. 14 Ps. 38, 11. 15 Ps. 38, 12. 17 Ps. 16, 4. 18 Thren. 1, 12. 20 Thren. 2, 16.

2 fromina B^1 3 mecum ad condolendum β condolandum V^2C^1 colendum *W* 6 nolo ego nolo ego *W* ego non β 7 nolo aliquem filiorum *aL* 8 dextra eorum *V* 9 ecquitatis V^1 semper] super *PR* 11 Isti] et β 12 affligitur cotidie *a* sanguini *ex* sanguinis *B* (*Schuch. I, 451 sqq.*) sanguine agni *a* 13 paratus sum *W* 14 plagas tuas *Ms* 16 ad persecutione *B* ad persecutionem φ mihi omnes $W\beta$ 17 an-(au-*C*)gustiae $BV^1C^1s^1P^1$ carpunt $V^2C^2MsaP^2$ capiunt b^2 uerba *om. b* 19 sicut meus VC^1Ms uindemiatus *a* die ire furoris aPb^2R diei furoris b^1 20 apperuerunt BV^1CW 21 siuilauerunt *B* 22 deuorabimus *Mv* (*Graec.* κατεπίομεν) enim *scripsi* (*Graec.* πλήν: nam *fragm. Wirceburg. et hoc loco et Thren. 3, 3*): enon BV^1 en//// *s* et *a* en *rell.*

dies quam expectabamus; inuenimus, uidimus.
Adeste, angeli dei mei, qui numquam deestis constituti in 67
ministerio uestro propter eos, qui hereditatem capessuri sunt
aeternae salutis, et uidete Africam totam, dudum tantarum
ecclesiarum cuneis fultam, nunc ab omnibus desolatam, tantis
ordinibus sacerdotum ornatam, modo sedentem uiduam et
abiectam. Sacerdotes eius et seniores in desertis locis
et insulis defecerunt, quaerendo sibi escas ad man-
ducandum, et non inueniunt. Considerate et uidete,
quia Sion ciuitas dei nostri facta est uilis, facta
quasi polluta menstruis inter inimicos suos. Ma-
num suam misit hostis ad omnia desiderabilia
eius, quia uidit gentes inuadere et ingredi atria
sua, de quibus praeceperas ne introirent ecclesiam
tuam. Uiae eius lugent, eo quod nemo conueniat
in die festo. Egressus est a facie eius omnis decor 68
et deliciae. Didicerunt uias asperas ambulare uirgines et
iuuenes eius, in aulis educati monasteriorum; abierunt
in captiuitate Maurorum, dum lapides sancti eius
disperguntur, non tantum in capitibus omnium pla-
tearum, sed etiam in locis squalidis metallorum. Dicite deo
nostro susceptori eius, habentes fiduciam supplicandi,
quoniam tribulatur et uenter illius turbatus est

6 Esai. 47, 8. 7 Thren. 1, 19. 9 Thren. 1, 11. 10 Thren. 1, 17. 11 Thren. 1, 10. 15 Thren. 1, 4. 16 Thren. 1, 6. 17 Thren. 1, 18. 19 Thren. 4, 1. 21 Ps. 41, 10. 23 Thren. 1, 20.

1 quem *BV*^{1}*Cb* et uidimus *b* 2 adeste *BVC*: adestote *rell.* 3 capisuri *b* 4 totam . . . ecclesiarum *om. W* 5 ab hominibus *ab* tanti *BV*^{1} 6 sedendem *V*^{1} 7 eius *om. a* 8 et in insulis *β* 9 inuenerunt *b*^{1} 10 syon *mei praeter B* syon illa *Ms* facta est quasi polluta *aβ* 12 ad] et *P* 13 in atria *Ms* 14 praeceparas *VC*^{1} 15 conueniet *P* 16 facieius *b* 17 et deliciae *om. β* ambulare iuuenes uirgines eius *W* 18 aulas *b* abiecerunt *PR* 19 captiuitatē aurorum *BVs*^{1} captiuitate inaurorum *P* captiuitatem maurorum *WMs*^{2}*v* lapidē *B* lapidem *V*^{1} sanctuarii *Ms*^{2} 21 scalidis *b* 22 nostro *om. β* eius *Ws*^{2}*a*^{2}*β*: *om. a*^{1} et *rell.*

a fletu eius, quia sedit inter gentes et requiem non inuenit, nec est qui consoletur eam. Quaesiuit a partibus Orientis qui simul contristaretur, et non fuit, et consolantem, et non inuenit, dum manducaret in esca sua fel et in siti sua potaretur aceto, sponsi et domini sui passiones imitando, qui idcirco passus est pro ea, ut sequatur uestigia eius.

69 (V, 20) Deprecamini patriarchae, de quorum stirpe generis
nata est quae nunc laborat in terris; orate sancti prophetae,
cognoscentes adflictam, quam antea uaticinante praeconio
cecinistis; estote apostoli suffragatores eius, quam ut congre-
garetis, uniuersum orbem ascendente in uobis domino ut equi
uelocissimi cursitastis. Praecipue tu, Petre beate, quare siles
pro ouibus et agnis a communi domino magna tibi cautela et
sollicitudine conmendatis? Tu, sancte Paule, gentium magister,
qui ab Hierusalem usque ad Illyricum praedicasti
euangelium dei, cognosce quid Uuandali faciunt Arriani, et
filii tui gemunt lugendo captiui; uniuersique ingemescite sancti
70 simul pro nobis apostoli. Sed scimus quia indignum est uobis
pro nobis orare, quia ista, quae uenerunt nobis ad probationem,
non quomodo sanctis, sed malis meritis supplicia debebantur.
Sed et pro malis orate iam filiis, quia et Christus orauit etiam
pro inimicis Iudaeis. Sufficiant castigationi quae iuste inlata

1 Thren. 1, 3 et 2. 3 Ps. 68, 21—22. 6 I Pet. 2, 21. 16 Rom. 15, 19.

1 fletu] facie *W* quia] qui *a* 2 consuletur *b* partibus *W*: patribus *rell.* 3 orientes *P* orientibus b^1 4 consolantem se *a* 5 potaretur] potauerunt me *P* 6 passionẽs (*sic*) *W* passionẽ *b* 8 patriarce *P* 10 quem b^1 ante *b* uaticinando *β* 12 per uniuersum *M* ascendente *om. P* ut qui *b* 13 cursitastis *s^2aLbR*: cursitatis *rell. fort. recte* beate petre *φ* 14 communi magno domino magna *W* 15 commendatus P^1 tu] ut b^1 16 ierusalem *a* ierosolimis *M* hierosolimis *s* ad *om. Waβ* ylliricum *BφW* yliricũ *P* illiricum *b* 17 quid] quod *M* quia *b* faciun V^1 18 ingemiscite *mss praeter* BP^1b^1 19 est *om. β* 20 nobis *ante* ad *om. φ* 21 non *om.* BVC^1WMs^1 comodo *b* modo *a* malis mentis b^1 male mentis b^2 decebant *P* 22 qui BV^1 et *om. WMsb* 23 inimicis suis iudeis *a* castigationes Ms^2 qui V^1 inlatę Ms^2

sunt nobis, et iam iamque delinquentibus uenia postuletur; dicatur angelo percutienti: s u f f i c i t, i a m c o h i b e m a n u m t u a m. Quis ignoret haec nobis probrorum nostrorum scelera procurasse, a b e r r a n t i b u s a m a n d a t i s d e i e t i n l e g e e i u s n o l e n t i b u s a m b u l a r e? Sed prostrati rogamus, ut non spernatis uestros miseros peccatores, per eum, qui uos ad apostolicum culmen prouexit humiles piscatores.

(V, 21) [Tenuit sceleratissimus Huniricus dominationem regni 71
annis septem, mensibus decem, meritorum suorum mortem consummans. Nam putrefactus et ebulliens uermibus non **a. 484 mense Decembri**
corpus, sed partes corporis eius uidentur esse sepultae. Sed ille legis datae transuersor ex Donatianorum heresim ad eos ueniens quondam Nicasius in breui simili morte periit.]

2 I Paral. 21, 15. 4 Ps. 77, 10.

1 ueniã *W* pestuletur *V* 2 dicaturque *Ms* percuenti *P* 6 misereros *W* per eum *om.* α 7 humiles peccatores β 8 Tenuit *et rel. spuria; del. Halmius* scelaratissimus *W* hunericus $MaLb^2$ honoricus Pb^1 9 morte $W\beta$ 10 consumans $VCW\beta$ bulliens β 11 parte *b* uidetur V^1 sed et β 12 illa lege V^2CM datae] data et *BVC* datae et *W* sedata et *M* dator et *s* lata ex *a* transuersor ex] transuerso rex BV^1a transuersa rex V^2CM transgre(ge-*P*)ssor rex *Pb* donationorum V^1aP^1b donatistarum V^1Ms heresi V^2CWs^2 heresium *Pb* 13 condam *W* nicassius *W* ucasius *Pb* in brebi BV^1 periit. Explicit (*sic BWa: om. rell.*). Incipit passio beatissimorum (*om.* φ) martyrum (martirum *V: om. W*) qui apud cartaginem passi sunt sub imperio (imp. *om. W*) rege (regis *a*) hunirico [hunerici *a*: sub huni(hune-*M*)rico rege φ] die VI non. iul. (nonas iulii *Ms* die sexto nonarum iulii *a*) *BVCWMsa* *Pb sine titulo, alter eadem linea, alter una intermissa pergunt*

INCERTI AUCTORIS PASSIO SEPTEM MONACHORUM.

PASSIO BEATISSIMORUM MARTYRUM QUI APUD CARTHAGINEM PASSI SUNT SUB IMPIO REGE HUNIRICO DIE VI. NON. IUL.

1 (I) Praedicaturus triumphos martyrum beatorum ad enarranda quae gesta sunt auxilium exposco diuinum, ut qui illis praestitit superandi uictoriam, mihi indigno et inmerito quantulacumque uerborum porrigat ornamenta. Tunc etenim ualebo quae desiderata sunt indicare, si ipsi dignentur pro me misero domino supplicare.

2 (II) Septimus namque agebatur annus crudelissimi atque
impiissimi regis Hunirici, et ecce antiquus hostis, ueternosus
utique anguis, trisulcis linguae uenena uibrans, Cyrila quondam
Arriomanitarum episcopo ministro usus est, subuertens et ob-
tinens animum regis cruenti, ut ita suaderet, non posse eum
pacatum atque longaeuum obtinere regnum, nisi nomen perderet
innocentum. Qui tamen dei iudicio post non multos dies tur-
3 pissima morte praeuentus scatens uermibus exspirauit. Insectari
coepit ore cruento omnem catholicorum multitudinem, quae
per totam prouinciam Africanam in modum, sicut praedictum
est Abrahae patriarchae, harenae maris fuerat multiplicata,
ut eam rebaptizationis sauciaret machera atque stolam illam

4 trihumphos *P* martiryrũ *W* 7 etenim] edenim *W* etiam *P* 10 atque impiissimi *om. W* 11 hunerici *φab*² honirici *P* hostis antiquus *a* ueternus *W* 12 trisulci lingua *Ws*²*β* librans *W* chirila *BVCsL* cirilla *M* cyrilla *a* quondam *V*² *CMs*: quendam *BV*¹*R* quedam *P* quodam *WaLb* 13 aririomanitarum *W* arrianitarum *Pb*¹*R* arrianorum *a* episcopum *BV*¹*PR* optinens *V*²*sa* 14 ita ut *Ms*² 15 optinere *V*²*aPb* 17 praeuenitur *b* expirauit *WaLβ* 20 habrahę *VCs* habrae *a* patriarce *a* arenae *WPL* 21 eam] etiam *PR* sauciare *b*

singularis et puri baptismatis, quam Christus uino carnis suae
purificans praelo exprimens crucis fecerat dealbatam, tetrae
nigredinis turparet inluuie sordulenta. Accipiens quoque tyran-
nus, ut erat ducibilis et ferus, serpentinam suggestionem, fera-
libus edictis uno tempore totam coepit Africam commouere.
Primo sacerdotum et ministrorum copiosissimam et maximam 4
turbam in longinquis et extremis regionibus exilio crudeli de-
trusit: quibus bis acutum genus frumenti, quod iumentis solis
edere concessum est, nequaquam industria molari contritum,
sed manente furfuris cortice loricatum, pro miseratione dari
praecepit; post uero crescente impietatis insania etiam hoc
auferri crudelissimus imperauit. Post modicum quoque tem- 5
poris uniuersas simul ecclesias praeiudicatis uenerabilibus portis
caementis ingentibus claudi mandauit: uniuersa namque mona-
steria uirorum uel puellarum sanctarum gentilibus id est Mauris
cum habitatoribus donare praecepit. Unus fuit omnibus eiulatus,
unus pro Christo moriendi integer et plenus affectus. Paria
currebant flumina lacrimarum, quia permiserat dominus c i -
b a r i e o s p a n e m l a c r i m a r u m e t p o t a r i e o s i n l a c r i -
m i s i n m e n s u r a m aut forsitan sine mensura. Et si reperta 6
est exiens de arca inhians cadaueribus mortuis pars aliqua
pereuntium coruorum, maior est tamen in nomine trinitatis
numerus felicium columbarum. Quanti nobiles et optimi uiri,
ampli et lati cespitis domini, terram cum caelo commutauerunt
et simul corpus cum substantia tradiderunt, atque delicatae
et nobilissimae feminae contra uerecundiam naturae spectante

18 Ps. 79, 6.

2 proelo *BVC*^{1}*s* prelo *C*^{2}*a* fecerat] fuerat *PR* terrae *a* thetre (-ę *b*) *β* 3 nigridinis *W* 4 docibilis *aβ* 7 et in longinquis *a* 8 accutum *M* solum *β* 9 molarum *β* contritum *om. β* 10 luricatum *BV*^{1}*C*^{1} (*Schuch. II, 110; III, 200; Roensch 465*) 12 quoque] uero *M* 14 cimentis *W* 16 donari *s*^{2}*aPR* 18 promiserat *et* cybari *Pb* 19 panem *BV*^{1} (*ψωμιεῖς ἡμᾶς ἄρτον δακρύων*): pane *rell.* 20 mensuram *BV*^{1}*Ca* (*Commodian. Instr. II, 17, 1 Ludw.*): mensura *rell.* 21 archa *MaP* iniens *P* 22 praeeuntium *M* 24 cespites *P*^{1} 25 carpus *V*^{1} 26 expectante *BφWL* expetente *a*

uulgo uirgis caesae uariisque tormentis cruciatae uictricia trophea portarunt! quanti infantuli inridentes edicta feralia ante mundum contempserunt, priusquam inlecebrosam eius semitam introirent!

7 (III) Tunc adprehensi sunt et septem fratres, quantum con-
tinet ad concordiam dominicae seruitutis in monasterio habi-
tantes in unum, quia bonum est et iucundum habitare
fratres in unum, id est Bonifatius diaconus, Seruus sub-
diaconus, Rusticus subdiaconus, Liberatus abba, Rogatus mona-
chus, Septimus monachus et Maximus monachus, in numero
scilicet Macchabeorum germanorum, quos una mater ecclesia
catholica genuerat et per uiscera fontis aeterni salubriter pe-
pererat, de territorio Capsensis ciuitatis, cui praefuit sanctus
8 Uindemialis sacerdos egregius et Christi fidelis antistes. Qui
adtracti ad urbem Carthaginiensem, primo eis inlecebrosis
blandimentis serpens uoluit sibilare, promittens honores caducos
et diuitias ingentium uoluptatum nec non et regis amicitias
uel alia multa, quae solent insipientium animas aucupante
diabolo uisco mundiali captare. Sed haec omnia milites dei
acsi contagia respuerunt, clamantes uno ore: ‘unus dominus,
una fides, unum baptisma. Nec poterit in nobis adiuuante
domino iterari, quod in sancto euangelio semel praeceptum est
dari; quia qui semel lotus est, non habet necesse iterum

7 Ps. 132, 1. 20 Eph. 4, 5.

1 uictoriae *β* tropea *b* 2 ferocia *a* 3 priusquam] quam Ws^2 5 et *om.* *β* continet *om.* *β* 6 monasteria V^1 7 iocundum *φ*Wab^2 bonum et iocundum est *M* 8 bonifacius *Ms* LPb^1R bonefacius ab^2 10 septiminus *WaPR* septimus monachus et maximus monachus *om. C* et maximus monachus *om. β* 11 machabeorum *WMsaLβ* germanorum *om. C* 13 territurio BV^1 (*Schuch. II, 103*) praeerat *a* 14 egreius *s* antestis *BV* (*Schuch. III, 187*) antestes C^1 *ut uid.* qui acti *β* 15 cartaginiensem BVC^1 cartaginensem WC^2Ms carthaginensem *rell.* 16 serpens] sibi *P* 17 uoluptatum *om. b* amiticias *W* 18 occupante *Pb* 19 captiuare *a* milites christi *β* 20 unus deus unus dominus *b* 21 baptismum *β* 23 qui qui *P* locutus V^1W^1 est lotus *a*

lauari, quia mundus est totus. Facite quod uultis, inferte poenas corporibus nostris: melius est temporalia ad modicum sufferre supplicia, quam aeterna pendere et subire tormenta. Habete quae promittitis, cum ipsis diuitiis post paululum perituri. Nobis uero nullus de postibus frontium ualebit euellere, quod in uno baptismate artifex trinitatis dignatus est titulare'.

(IV) Quid multa? Dum tali constantia diuinitus munirentur, 9
iussi sunt carcerali custodiae mancipari, et ita crudelius onerati ferri ponderibus tenebrosis deputati sunt locis, ubi nulla miseratio adrideret lenitatis. Sed populus ille memoratae urbis, in domino semper fidelis, dato munere carcerariis die ac nocte Christi martyres frequentabat et ita ab eis doctrina et uirtute fidei roborabatur, ut talia etiam ipsi pro Christi nomine plena delectatione perferre cuperent et capulo persequentis facilia subponerent colla. Hoc autem tyrannicas peruenit ad 10
aures; qui ebrietate furoris accensus iubet eos adhuc inauditis suppliciis adigi et maioribus uinculis onerari, nauemque imperat lignorum aridorum manipulis adimpleri atque in eadem omnibus alligatis in medium pelagus igne supposito concremari.

(V) Eductisque illis de custodia multitudo populi dei bellatores trinitatis quasi agnos innocuos ad uictimam deducebat, et rugientium pondera catenarum quasi quaedam monilia peruidebat, quia non fuerunt illa uincula, sed potius ornamenta.
Incedebant itaque cum fiducia ad supplicium, quasi ad epulas 11

1 lauare P^1 2 poenis BV^1 est *om.* P admodum b 3 pendere] pati β 4 paulum M 5 de postibus frontium] furentium a 6 unum b^1 babtismate C 7 talia *et* munerentur P 8 custodia β honerati a artantis β 9 ponderebus s^1 10 ille] iste β 11 fidelis] delis b 12 doctrinae uirtute β 13 tali PR ipsi *om.* W christi *om.* P 14 dilectione M proferre V^1 ferre β persequenti β 15 facile ab facili PR tyranicas W 16 ascensus b 17 honerari aPb^2 nauimque WbL nauem a 18 adque B 19 in *om.* BV^1L in medio pelagus a per medium pelagus (pelegus V^1) V^2C Ms 21 trinitatis sequebatur. quos quasi Ws^2 deducebat inimicus et Ws^2 22 rugentium a cathenarum a munilia BV (*Schuch. II, 137; Roensch 465*) peruidebat] p̄lucebant Ws^2 23 fuerant M 24 incedebantque a

concurrentes, una uoce per ambitus platearum domino decantantes: 'gloria in excelsis deo et in terra pax hominibus bonae uoluntatis. Uotiua nobis haec dies est et omni sollemnitate festiuior. Ecce nunc tempus acceptabile, ecce nunc dies salutis, quando pro fide domini dei nostri proferimur ad praeparatum supplicium, ne amittamus adquisitae fidei indumentum'. Sed et populis publica uoce clamabant: 'ne timeatis, o populi dei, neque formidetis minas atque terrores praesentium tribulationum, sed potius moriamur pro Christo, quomodo et ipse mortuus est pro nobis, redimens nos
12 pretio sui sanguinis salutaris'. Unum tamen uehementi conatu, qui inter eos infantulus uidebatur, nomine Maximum, cupiebant auctores malorum a sanctorum consortio separare dicentes: 'infantule, quid festinas ad mortem? dimitte eos, insaniunt, et audi consilium nostrum, ut possis inuenire uitae remedium et tanti regis adire palatium'. Tunc ille, aetate quidem puerili, senili tamen maturitate, clamabat: 'nemo me separat a sancto patre meo Liberato abbate et a fratribus meis, qui me in monasterio nutrierunt. Cum ipsis sum in timore dei conuersatus, cum ipsis desidero passionem suscipere, cum quibus
13 credo me et futuram gloriam inuenire. Nolite putare, quia potestis seducere pueritiam meam: simul nos dominus septem uoluit congregare, simul dignabitur omnes uno martyrio coronare. Quomodo nemo perire potuit de septenario illo numero felicium Macchabeorum, ita etiam septenus nostrae congregationis numerus nullum inueniet detrimentum. Nam si negauero

2 Luc. 2, 14. 4 II Cor. 6, 2.

1 currentes *a* decantes V^1 canentes *W* 4 sollempnitati *b* 5 nuc dies *W* dei *om.* *Ms* 6 proferimur ad *Ba* (ad *in B erasum*): proferimur V^1 proferimus s^1PR perferimus *rell.* 7 populi *W* puplica *P* clamabat *b* 8 o *om.* *β* adque *b* tortores *P* 10 et *om.* *W* 11 pretio sanguine *PR* pręcioso sanguine *b* 13 seperare *s* 14 eos si *a* 16 ętatē V^1 18 abbate liberato *Wβ* a *om.* *Ms* 22 sēptē *W* 24 potuit perire *Ms* sptenario *W* illo *om.* *Ms* 25 machabeorum *φaLβ* monachabeorum *W* etiam] et *W* 26 dementum V^1C^1

eum, et ipse negabit me, quoniam ab ipso dictum est: qui me negauerit coram hominibus, negabo et ego eum coram patre meo, qui est in caelis; et qui me confessus fuerit coram hominibus, confitebor et ego eum coram patre meo, qui est in caelis'.

(VI) Perducti itaque cum festinatione ad naualem supplicium 14
pro uoluntate infandi regis uel crudelium ministrorum, extensis manibus et pedibus clauati feruntur potius quam ligati. Qui dum ignis fuisset lignis iniectus, statim imperio diuino uidentibus cunctis extinctus est; et dum saepius renouaretur nutrientibus pabulis, iterum atque iterum extinguebantur rogi globi flammarum. Et cum exinde magis tyrannus furore simul esset et rubore repletus, iussit eos remorum uectibus enecari et ita singulos in modum canum cerebris comminutis extingui. Qui tali genere mortis debitum spiritum feliciter domino reddiderunt, nec expauerunt lignis quatientibus mortificari, quibus
semper fuit spes omnis in ligno. Sed cum in mari uenerabilia 15
corpora iactarentur, ilico, quod contra naturam est aequoris, eadem hora inlaesa corpora pelagus litori reddere maturauit, nec ausus fuit, ut moris est, triduana dilatione in profundo retinere, ne praecepto dominico minime paruisset. Ad quod miraculi genus et ipse tyrannus, licet inpaenitens, ut fertur, expauit. Gaudens autem quae aderat multitudo corpora sanctorum martyrum diligenti tradidit sepulturae praeeunte clero

1 Mt. 10, 32—33.

1 quoniam] quia *a* 2 et ego *om. P* ego *om. b* 3 et qui me confessus . . . caelis *om. W* 6 producti *a* confestinatione *b* naualem BV^1: nauale *rell.* 7 nefandi *a* 8 clauati] eleuatis *β* legati b^1 9 inlectus *β* 10 extintus *W* 11 papulis V^1C^1R populis *P* extinguebatur BV^1C^1aL 12 globi Ws^2: globo *rell.* extinguebatur...globus *Halmius* rogi globi flammarum *om. a* 14 cominutis *W* 15 generi *M* rediderunt *VC* 16 expauierunt a^1 linguis *Pb* 18 iectarentur C^1 19 eadem *in b eras. et post* hora *addit. m. 2* pelagus *in P eras.* 20 ausus B^1 (*Kuehner, Gr. I, 300*): ausum *rell.* est *om.* a^1 21 detinere *β* 22 inpenitus V^1 penitus *C*

uenerabili Carthaginiensis ecclesiae; ubi etiam et praedicandi diacones, tertio iam confessores effecti, Salutaris et Muritta, geruli reliquiarum adfuerunt.

16 (VII) Humatae sunt igitur cum hymnis sollemnibus lypsanae beatae sanctorum in monasterio Biguae contiguo basilicae, quae dicitur Celerinae. Et sic in confessione trinitatis beatissimi martyres passi sunt et speciosum cursum certaminis sui coronante domino perfecerunt. Cui est honor et gloria in saecula saeculorum. Amen.

1 uenerabilis *B*[1] cartaginensis *Bφ* carthaginensis *ab* 2 dyaconis *PR* diaconi *b* confessoris *β* saluatoris *W* muritte *P* murrite *b ex corr.* 4 ymnis *CWMβ* lipsanae *Vav* 5 beatae *om. P* sanctorum reliquiae *Wa* biguae *om. aβ* 6 celebrinae *BVCWsaL* cezebrine *M* cęlerinae *PR* 8 domino coronante *a* 9 amen amen *M* amen. Explicit historia africana *a* amen. Finit historia *b* *V in marg. inf. paginae sequentis, quae uacua relicta est, haec habet:* Explicit historia africana. Incipit liber primus Eutropii. *In B desinit Passio fol. 88*[a]*; fol. 88*[b] *in marg. inf. leguntur:*

eXPLICIT STORIA AFRICANA.
JNCIPIT STORIAE ROMANAE
LIBER PRIMUS.

NOTITIA
PROVINCIARVM ET CIVITATVM AFRICAE.

A = cod. Laudunensis 113 saec. IX; cf. praef. p. XII.
H = cod. Halleri apud Ortelium in Thes. geogr. (Antverp. 1596).

Incipiunt nomina episcoporum catholicorum diuersarum prouinciarum, qui Carthagine ex praecepto regali uenerunt pro reddenda ratione fidei die K̅L̅ Februarias anno sexto regis Hunerici.

Nomina episcoporum prouinciae proconsularis uel qui in exilium missi sunt.

Eugenius Carthaginiensis Tamalleni.
Felix Aboritanus. exilium.
Paulus Sinnarensis. exilium.
Felix Piensis Corsica. exil.
Marianus Hippzaritensis ut sp̃.
Pascasius Gunelensis ut sp̃.
Sacconius Uzalensis ut sup̃.
Bonifatius Membresitanus. fug̃.
Gulosus Beneuentensis Corsic̃.
Reparatus Utimmirensis ut sp̃.
Pastinatus Puppitanus ut sp̃.
Reparatus Puppianensis.
Fortunatianus Araditanus. Corsic̃.
Deumhabet Thelensis. Corsica.
Liberatus Mullitanus ut sp̃.

prouintiarum *A* sexto] *immo* octauo; *cf. Vict. III, 4* prouintiae *A* 1 Tamalleni] *hunc locum* (turris Tamalleni *Itin. Ant.*) *Ruinartus pessime confudit cum* ciuitate Tamallumensi (*Vict. III, 45; Not. Byz. 55*)*: cf. Not. Dignit. sect. L, ubi distinguuntur* praepositus limitis Thamallensis *et* praep. lim. Thamallomensis 2 Aboritanus *coni. Ruin.:* abaritanus *A*; Abaritanam prouinciam *scimus*, oppidum *nescimus* 5 hipzarintensis *H* 6 gunelmensis *H* 7 uzialensis *AH* 8 membrositanus *A* 9 benentensis *H* 10 utimiensis *H*

Mannucius Duas-Senemsalensis.
Hirundinus Missuensis. Corsic.
Iona Lapdensis. ut sp̄.
Peregrinus Assuritanus in exil. hic.
Quintianus Uricitanus.
Cresconius Tonnonensis. prb̄t.
Florentinus Uticensis. Corsic̄.
Pascasius Migirpensis ut sp̄.
Carissimus Gisipensis. in exil.
Gaius Uzitensis prb̄t.
Exitiosus Uerensis. Corsic̄.
Crescens Cicisitanus. in exil.
Bonifatius Uolitanus. Corsica.
Felix Carpitanus ut sup̄.
Carcadius Maxulitanus ut sp̄.
Cyprianus Bonustensis.
Dalmatius Tinisensis. Corsic̄.
Aemilianus Culusitanus. Corsic̄.
Felix Bullensis. prb̄t.
Clementinus Neapolitanus. Corsic̄.
Felix Curubitanus ut sp̄.
Deuterius Simminensis ut sp̄.
Aurelius Clipiensis ut sp̄.
Coronius Meglapolitanus ut sp̄.
Benenatus Timidensis ut sp̄.
Uincentius Ziggensis. in exil.
Florentius Seminensis. Corsica.

16 Duassenemsalensis *Halmius* Duas-Senemsal *Baluzius:* duassedemsai *AH* 19 hic] *cf. Papencordt p. 371 sq.* 20 urcitanus *A* uracitanus *H; cf. Vict. I, 10* 21 Tonnonensis *ego* (*conc. Carth. a. 525*): tennonensis *A* prb̄t] *de hoc siglo conferas Ruinarti admonit. in Notit. Afric.* (*LVIII, p. 267 Migne*) *et Papencordt p. 372* 26 exitziosus *A* 27 cresces cicsitanus *A* (Cicisa *Tab. Peut.*) 28 bolitanus *AH* (*litterae* b *et* u *in A saepe confunduntur*) 32 Tinisensis *ego:* tinnisensis *A*, tinicensis *H* (?) 33 Culusitanus *ego* (*Vict. III, 26*): culsitanus *AH* 36 Curubitanus *ego* (*August. C. D. XXII, 8*): curbitanus *A* 37 simminiensis *H* 39 megapolitanus *H* 40 timidianensis *H*

Honoratus Tagaratensis prbt.
Uindemius Altuburitanus. exil.
Cyprianus Cellensis in exil.
Augentius Uzipparitanus. in exil.
Cassosus Ausanensis. hic.
Maximinus Naraggaritanus. hic.
Felix Muzuensis.
Iohannes Bullensium Regiorum.
Cresciturus Titulitanus.
Benenatus Tuburbitensis.
Uictor Teudalensis.
Pascasius Tulanensis.
Sunt numero LIIII.

Nomina episcoporum prouinciae Numidiae.

Felix Berceritanus.
Augentius Gazaufalensis. prbt.
Quoduultdeus Calamensis.
Honoratus Castellanus.
Leontius Burcensis.
Firmianus Centurionensis. prbt.
Rufinianus Uadensis.
Paulus Nibensis. prbt.
Martialis Girensis.
Uictor Cuiculitanus.
Cresconius Amporensis.
Adeodatus Fesseitanus. prbt.
Uitalianus Bocconiensis.
Duumuirialis Bamaccorensis. prbt.

43 tagarensis *H* 44 altubaritanus *H* 48 maraggaritanus *A*, naraggaritensis *H* 50 regio *A* 53 Teudalensis *scripsi* (*Vict. I, 23*): eudalensis *AH*, Theudalensis *Baluzius*

prouintiae *A* 1 becerritanus *H* 2 gazaufulensis *AH* 5 bursensis *H* 6 Centurionensis *uulgo*: centurianensis *AH* 14 dumuirialis *A*; *cf. Hoffmann, Ind. gramm. ad Afr. prou. tit. p. 24, Schuch. II, 506 et 330* Bamaccorensis *scripsi; cf. Cyprian. ed. Hartel I, p. 448, 14:* damatcorensis *A*

Donatus Ausuccurensis.
Palladius Idicrensis. prbt.
Gaudentius Putiensis.
Uictor Suggitanus.
Benenatus Lambiritanus.
Timotheus Tagurensis.
Melior Fossalensis. Nã.
Frumentius Tubursicensis.
Felix Lamsortensis.
Abundius Tididitanus. prbt.
Ualentianus Montensis. prbt.
Adeodatus Noua-Barbarensis.
Adeodatus Idassensis.
Florentius Noua-Germaniensis.
Uillaticus de Casis Medianis.
Eusebius Susicaziensis.
Uictorinus de Noua Caesaris.
Uitalianus Uazaritanus.
Iunior Tigillabensis.
Uigilius Ressanensis. prbt.
Leporius Augurensis.
Pascentius Octauensis.
Petrus Madensis.
Felix Matharensis prbt.
Florentius Centenariensis.
Felix Gilbensis prbt.
Florentianus Midilensis.
Fluminius Tabudensis.
Optantius Casensium Calanensium.

19 iamuiritanus *AH* 21 *siglum* Nã (*cf. infr. 49*) *Halmius deprauatum esse censet ex* n̄oc = non occurrit 22 tubusicensis *AH* 23 iamsortensis *AH* 24 tiditanus *H* 25 montesis *A*; *cf. Hoffmann l. c. p. 15* 26 nobabarbarensis *A* 27 idacensis *H* 28 nobagermaniensis *A* nobagermanensis *H* 29 billaticus (*Byz. 96, Maur. Sit. 33*) de casis medianensis *A*: *at cf. Uict. II, 101* 36 octabensis *A* 43 Casensium Calanensium *scripsi:* casensi calanensi *A* Casensicalanensis *Ruin.; sed cf. prou. proc. 50* Bullensium Regiorum *et Ruin. ad. prou. Num. 29*

Peregrinus Pudentianensis prbt.
Felix Noua-Sparsensis prbt.
Felicianus Metensis.
Domnicus Caesariensis prbt.
Candidus Noua-Sinensis prbt.
Quoduultdeus Caelianensis. nam.
Ianuarius Iattarensis.
Uictorinus de Castello Tituliano.
Fructuosus de Giru Marcelli.
Cresconius Tharasensis.
Maximus Sillitanus prbt.
Uigilius Hizirzadensis prbt.
Uictor Municipensis.
Seruus Arsicaritanus.
Felix Casae-Nigrensis.
Donatianus Uegeselitanus.
Pudentius Madaurensis.
Donatus Rusticianensis.
Donatus Uilla-Regensis.
Crescens Buffadensis prbt.
Adeodatus Sistronianensis prbt.
Rusticus Tipasensis.
Simplicius Tibilitanus.
Stephanus Sinitensis.
Pascentius Cathaquensis. Corsica.
Donatianus Teglatensis.
Cresconius Zabensis.
Antonianus Mustitanus.
Reparatus Tubuniensis.

44 Pudentianensis *Ruin.*: punentianensis *AH* 45 nobasparsensis *A* nobaspartensis *H* 48 nobasinensis *A* 50 Iattarensis *ego* (i = z *Schuch. I, 69*); *cf. Vict. II, 101:* iacterensis *AH* 51 castellu titulianu *A; cf. Schuch. II, 92 sqq.* castello titulitano *H* 52 giga marcellae *H* 58 cassenigrensis *H* cassennigrensis *A* 59 Uegeselitanus *Ruin.*: ueselitanus *A* uesolitanus *H* 62 Uillaregensis *Ruin.*: uilladegensis *AH* 63 cresces *A* 66 tiblitanus *H* 68 Cathaquensis *Baluzius*, Corsica *ego:* cethaquensusca *A* 72 tubaniensis *H*

Anastasius Aquae-Nouensis.
Uictorinus Babrensis prbt.
75 Felix Tebestinus.
Domninus Moxoritanus metallo.
Secundus Tamogaziensis prbt.
Uictorinus Legiensis.
Quoduultdeus Respectensis.
80 Ianuarius Uelefitanus.
Benenatus Mazacensis prbt.
Donatus Iugurensis prbt.
Uictor Cirtensis prbt.
Pardalius Macomadiensis.
85 Ianuarius Legensis prbt.
Quoduultdeus a Turres Concordi.
Maximus Lamfuensis prbt.
Marcellinus Uagrautensis.
Domnicosus Tigisitanus.
90 Donatus Gilbensis.
Fortunius Regianensis prbt.
Donatus Silensis.
Uictor Gaudiabensis.
Ianuarianus Masculitanus.
95 Ianuarius Centuriensis.
Felix Suauensis.
Crescentianus Germaniensis.
Annibonius Uadesitanus.
Ianuarius Gaurianensis prbt.
100 Fortunatianus Naratcatensis.
Maximus Lamiggigensis.

73 aquenobensis *A* 76 maxoritanus *H* metallo] *cf. Uict. III, 68* 80 uelesitanus *H* 83 circensis *AH* (*mss antiqui Augustin. ep. 139 non habent* circensem, *sed* cirtensem, *item ep. 144* cirtensibus, *quod propter Ruinartum et Halmium moneo*) 85 legiensis *H* 86 a *ego, cf. infr. 105* de Turres Ammeniarum: ad turres concordi *A* turris concordiae *H* 87 Lamfuensis *Ruin.*: iamfuensis *AH* 94 Masculitanus *Ruin.*: marculitanus *AH* 96 suauensis *H* suabensis *A* 100 narateatensis *H* 101 lamigginensis *H*

Felix Garbensis prb̄t.
Iulius Uagarmelitanus.
Ponticanus Formensis prb̄t.
105 Uictor de Turres Ammeniarum.
Seruus Belesasensis.
Honoratus Fatensis.
Mensor Formensis.
Peregrinus Muliensis.
110 Gedalius Ospitensis.
Fulgentius Uagadensis prb̄t.
Secundinus Lamasbensis.
Crescentius Tacaratensis.
Benenatus Mileuitanus.
115 Quoduultdeus Ullitanus.
Proficius Seleucianensis prb̄t.
Proficius Uadensis prb̄t.
Ianuarius Tagastensis prb̄t.
Donatus Maximianensis.
120 Adeodatus Zaradtensis prb̄t.
Felicianus de Giru Tarasi.
Cardelus Lamiggigensis.
Flauianus Uico-Pacensis.

Sunt numero CXXV.

Nomina episcoporum prouinciae Byzacenae.

Uassinassensis.
Et Aquis.
1 Liberatus Amudarsensis prb̄t.
Mansuetus Afufeniensis.

103 uagormelitanus *H* Magarmelitanus *Baluzius* 105 turris sammeriarum *H* 106 balesasensis *H* 111 uagradensis *H* 112 Lamasbensis *uulgo:* lamasuensis *A* 115 uillitanus *H*: Ululitanus *susp. est Halmius* 116 seleutianensis *A* seleuciamensis *H* 118 tagartensis *H* 119 maximinensis *H* 120 Zaradtensis *Ruin.:* zaradtansis *AH* 123 flabianus *A* uicus pacensis *H*

Nomina etc. *desunt in A* 1 prb̄t amudarsensis *A*: *transposui*

Pascasius Septimuniciensis.
Hortulanus Benefensis.
Uictorinus Ancusensis.
Euodius Mididitanus.
Terentianus Tubulbacensis.
Rogatianus Ualentinianensis.
Bonifatius Masclianensis.
Uictorinus Seuerianensis.
Uictor Narensis.
Leontius Decorianensis.
Seruusdei Tambeitanus.
Laetus Neptitanus.
Felix Custrensis prbt.
Flauianus Bulelianensis.
Decimus Theuzitanus.
Seruandus Putiensis.
Restitutus Thagamutensis.
Praesidius Sufetulensis in exil.
Eustratius Sufetanus.
Secundinus Garrianensis prbt.
Praefectianus Abaradirensis prbt.
Sabinicus Octauiensis.
Adelfius Mactaritanus.
Restitutus Aquiaben*
Antacius Medianensis.
Mensius Turrensis.
Filtiosus Aggaritanus.

6 eubodius *A* (= *Εὐόδιος*: *cf. Schuch. II, 523 not.*) 7 tubolbacensis *H* 8 Ualentinianensis *scripsi*, *cf. Ruin.:* uadentinianensis *A* 10 seberianensis *AH* 13 *cf. Vict. III, 28* 14 letus *A*; *cf. Vict. II, 52* 15 custensis *H* 16 flabianus *A* bubelianensis *H* 17 zteusitanus *H* 18 serbandus *A* 20 *cf. Vict. II, 45* 21 enstrasius *A*; *cf. Vict. I, 23* 22 garrensis *H* 24 sabinicuus *A*; *cf. Schuch. II, 507; III, 309* octabiensis *A* 26 aquiaben/// (s *eras.*) *A*, Aquiabensis *uulgo; scrib. fort.* Aquis-Albensis; *cf. infr. 52* Aquis-Albensium *et Maur. Sitif. 5* Aquae-Albensis

30 Fastidiosus Egnatiensis.
Germanus Paradamiensis.
Donatus Ermianensis.
Pascasius Tenitanus.
Domninus Tarazensis.
35 Hilarinus Trofimianensis.
Fortunatianus Lepti-Minensis.
Honoratus Tagariatanus.
Albinus Octauensis.
Aurelius Feradi-Maiensis.
40 Felix Crepedulensis.
Cyprianus Unuzibirensis.
Innocentius Muzucensis.
Possidius Massimanensis non occurrit.
Uictor Uitensis non occurrit.
45 Uictorinus Scebatianensis.
Adeodatus Pederodianensis.
Athenius Circinitanus.
Florentinus Tuziritanus.
Uindicianus Marazanensis.
50 Adelfius Mattaritanus.
Adeodatus Praecausensis.
Restitutus Aquis-Albensium.
Felix Irpinianensis.
Uictorinus Usulensis.
55 Habetdeum Tamallumensis.
Concordius Cululitanus.
Seruus Menefessitanus.
Quintianus Casulis-Carianensis.
Restitutus Acolitanus.
60 Uindemialis Capsensis.

31 paradamiensis *H* peradamiensis *A* 33 teuitanus *H* 35 Trofimianensis *scripsi* (*coll. Carth. 133*)*:* trofinianensis *A* 36 leptimiensis *H* 38 octabensis *A* 41 *cf. Vict. II, 33* 43 non occurrit] *cf. Papencordt, Gesch. d. vand. Herrsch. p. 372; Ebert, Gesch. d. christl.-lat. Lit. p. 434* 47 circitanus *H* 49 marazianensis *A* 55 habetdeu *A; cf. Vict. III, 45* 60 cabsensis *A*

Quoduultdeus Durensis prbt.
Eliodorus Cufrutensis.
Marcellinus Tasbaltensis.
Fortunatianus Cilitanus.
65 Honoratus Tiziensis.
Bonifatius Foratianensis.
Seruius Arsuritanus.
Felix Forontonianensis.
Succensianus Febianensis.
70 Iulianus Uararitanus.
Bonifatius Frontonianensis.
Secundianus Mimianensis. in exil.
Donatus Boanensis.
Bonifatius Maraguiensis.
75 Pirasius Nationensis.
Faustus Praesidiensis.
Rusticus Tetcitanus.
Primianus Gurgitensis.
Bonifatius Filacensis.
80 Honoratus Macrianensis prbt.
Frumentius Teleptensis.
Honorius Oppennensis.
Fortunatianus Tagarbalensis.
Simplicius Carcabianensis.
85 Donatus Rufinianensis.
Liberatus Aquarum Regiarum prbt.
Uictorianus Quaestorianensis.
Rufinianus Uictorianensis.
Maximus Gummitanus.
90 Peregrinus Materianensis.
Fortunatus Mozotcoritanus.

62 cufratensis *H* 63 thasbaltensis *H* 66 Foratianensis *Ruin.* (*Vict. II*, *101*): fortianensis *A*, forianensis *H* 68 ferontonianensis *H* 71 frotonianensis *H* 72 *cf. Vict. II*, *45* 74 maraguinensis *H* 78 Gurgitensis *Ruin.*: gurgaitensis *AH* 82 opemiensis *H* 83 tagarbolensis *H* 85 ruffianensis *H* 87 Quaestorianensis *Ruin.*: questorianensis *AH*

Pacatus Uico-Ateriensis.
Proficius Sublectinus.
Saturus Irensis.
95 Mangentius Ticualtensis.
Uillaticus Auzegerensis.
Cresconius Temonianensis prbt.
Paulus Turre-Blandinus prbt.
Restitutus Segermitanus in exil.
100 Uictor Gauuaritanus.
Donatianus Aeliensis.
Stephanus Ruspensis.
Uinitor Talaptulensis.
Hortensius Autentensis.
105 Tertullus Iuncensis.
Eusebius Iubaltianensis prbt.
Seruitius Unuricopolitanus.
Donatus Aggaritanus.
Uigilius Tapsitanus.

Sunt numero CVII.

Et cathedrae quae episcopos non habuerunt.

110 Madassuma.
Dionisiana.
Sulianis. Orrea Caelia.
Cunculiana.
Ticibus. Sunt numero v.

92 Uicoateriensis *Ruin.*: uicoateirensis *A* 97 Temonianensis *coni. Ruin.*: temoniarensis *AH* 99 restutus *A; cf. Schuch. II, 436* 100 gaunaritanus *H* 101 Aeliensis *scripsi* (Aeliae *Tab. Peut.*): eliensis *A* 102 rusfensis *A* rufensis *H* 103 taleptulensis *H* 104 Autentensis *scripsi*: autentesis *A* auteniensis *H* 106 iubalcianensis *H* 107 unorecopolitanus *H*; *hunc locum ab Hunirico rege nomen accepisse manifestum est* qui *A* 110 madyssumma *H* 111 donisiana *AH; cf. Schuch. II, 445* 112 sulianae *H*

Nomina episcoporum Maur̃ Caesariensis.

1 Glorinus Iuncensis.
Tiberianus Quizensis.
Uictor Sufaritanus.
Syrus Corniculanensis.
5 Lucius Itensis.
Honoratus Timicitanus.
Donatus Nouicensis prb̄t.
Patera Milianensis.
Reparatus Giru-Montensis.
10 Auus Altabensis.
Donatus Panatoriensis.
Martialis Columnatensis.
Subdatius Sucardensis.
Subitanus Idensis prb̄t.
15 Donatus Tifiltensis.
Felicianus Idensis.
Onesimus Fidolomensis.
Uictor Taborentensis.
Uerecundus Nouensis.
20 Stephanus Zucabaritanus.
Apocorius Caesariensis.
Felix Rusubiritanus.
Donatus Subbaritanus.
Ianuarius Aquensis.
25 Martianus Murus-Tagensis prb̄t.
Claudius Uagalitanus.
Passitanus Tigisitanus.
Salo Fallabensis.
Donatianus Usinadensis.
30 Paulus Flumen-Zeritanus.
Nicetius Castello-Minoritanus.

2 teberianus *et* quidiensis *A*; *cf. Schuch. II, 2; I, 68* 7 nobicensis *AH* 9 girumentensis *H* 12 columpnatensis *A* 19 nobensis *AH* 20 Zucabaritanus *scripsi*: zucabiaritanus *A* 22 *cf. Ptol. IV, 2* Ῥουσουβιρσίρ 23 subarritanus *H* 29 usidanensis *H*

Restitutus Florianensis.
Mensius Ala-Miliarensis.
Maxentius Tigamibenensis prbt.
Urbanus Amaurensis prbt.
Crescens Sestensis prbt.
Donatus Ternamusensis.
Fortis Caput-Cillensis.
Ianuarius Nasbincensis prbt.
Palladius Bacanariensis.
Ualens Uillae-Nouensis.
Passinatus Masuccabensis prbt.
Longinus Pamariensis.
Honorius Benepotensis.
Burco Uardimissensis prbt.
Felix Ambiensis.
Emilius Mediensis.
Arator Catulensis.
Caecilius Minnensis.
Lucidus Cartennitanus.
Uictor Regiensis.
Rogatianus Uannidensis prbt.
Primus Caprensis.
Metcun Rusuccuritanus.
Rufus Sfasferiensis.
Eusebius Obbitanus.
Securus Timidanensis.
Donatus Frontensis.
Uictor Icositanus.
Quoduultdeus Tablensis prbt.
Restitutus Lapidiensis prbt.
Donatus Uoncariensis.

32 restutus *A* 34 tigamibemensis *H* 36 cresces *A*
37 Ternamusensis *Baluzius*: ternamunensis *A* 39 narbincensis *H*
41 balens (baleus *H*) uillenobensis *AH*; *cf. Num. 25, Maur. Caes. 86*
42 mazuccabensis *H* 44 Benepotensis *Ruin.*: benepotentis *A*
49 Caecilius *scripsi; cf. infr. 91*: cecilius *A* minuensis *H*
57 timidianensis *H* 61 restutus *A*

Bonifatius Rusguniensis.
Uenantius Oppido - Nouensis prbt.
65 Mattasius Castelli-Abaritanus.
Felix Aquis - Sirensis.
Uictor Caltadriensis prbt.
Crescens Tigauitanus.
Idonius Rusaditanus.
70 Gellianus Reperitanus.
Ingenuus Ubadensis.
Petrus Oboritanus.
Faustus Castra - Seuerianensis.
Uitalis Castra - Nouensis.
75 Petrus Castellanus prbt.
Quintasius Mutecitanus.
Paulinus Rubicariensis.
Pascasius Mammillensis.
Tacanus Albulensis.
80 Emptacius Siccesitanus.
Talasius Gratianopolitanus.
Uictor Manaccenseritanus prbt.
Pannonius Bitensis.
Felix Flenucletensis prbt.
85 Campanus Bidensis.
Ualentinus Castelli Mediani.
Romanus Sufaritanus.
Secundus Maurianensis.
Reparatus Uulturiensis.
90 Lucius Maturbensis prbt.
Caecilius Balianensis.
Rogatus Sereddelitanus.

64 benantius *AH* oppidonebensis *A* opidonobensis *H* 65 Abaritanus *scripsi*: iabaritanus *A*; Castellum Aboritanum *Ortelius memorat* 66 aquisirensis *A* 68 cresces tigabitanus *A* 69 Rusazu *Tab. Peut.*, *'Ρουσαζοῦς Ptol. IV, 2; male ergo Harduinus coni.* Rusadiranus 70 Gellianus *ego*: *cf. Maur. Sit. 16, Trip. 1*: gelianus *A* 71 ubadensis *H*: ubabensis *A* 73 castraseberianensis *AH* 74 castranobensis *A* castronobensis *H* 81 Gratianopolitanus *scripsi*: gratinopolitanus *A* 89 Uulturiensis *scripsi*: bulturiensis *AH*

Mingin Nouensis prbt.
Reparatus Castelli-Tatroportensis.
95 Filo Arsinnaritanus.
Bassinus Elefantariensis prbt.
Patera Catabitanus.
Uincemalos Baparensis.
Reparatus Tipasitanus prbt.
100 Romanus Tamadensis prbt.
Uictor Uoncarianensis.
Maddanius Murconensis.
Crispinus Tabadcarensis.
Quoduultdeus Subbulensis prbt.
105 Dauid Tadamatensis.
Candidianus Catrensis prbt.
Reparatus Cissitanus.
Poequarius Tasaccurensis prbt.
Quintus Tabuniensis prbt.
110 Maximus Tuscamiensis.
Auxilius Gunugitanus prbt.
Reparatus Sitensis.
Saturninus Uissalsensis prbt.
Felix Maxitensis prbt.
115 Gaius Adsinnadensis prbt.
Crescens Satafensis prbt.
Saturninus Sertensis prbt.
Uictor Numidensis prbt.
Cerealis Castello-Ripensis.
120 Lucius Tamazucensis.

Sunt N. CXX.

93 nobensis *A* 96 Bassinus Elefantariensis *scripsi*: uassinus elfantariensis *A* 98 Uincemalos] *cf. Drac. Satisf. 302 Duhn.* 100 Tamadensis *H Ruin.*: tamadempsis *A* 103 tababcarensis *H* 104 Subbulensis *ego* (*Optat. III, 4*): summulensis *A* sumulensis *H* 105 tadamensis *H* 110 tuscaniensis *H* 111 Gunugitanus *Ruin.*: gunagitanus *A* gunaitanus *H* 113 uissalensis *H* 116 cresces *A* 119 *hic est* Cerealis Castellensis, *cuius extat* contra Maximinum Arianum libellus 120 tamazensis *H*

et cathedrae quae episcopos non habuerunt.

Maiucensis.
Nabalensis.
Tubunensis.
Maurensis.
Tingariensis.
Oboritanus.

N̄. III.

Nomina episcoporum prouin. Maur̃. Sitif̃.

1 Rufinus Tamallumensis.
Donatus Sitifensis.
Maximus Cobiensis.
Domitianus Igilgitanus.
5 Honorius Aquae-Albensis.
Festus Satafensis.
Uictor Horrensis.
Maximus Thubusubditanus.
Uictor Ierafitanus.
10 Uadius Lesbitanus.
Pacatus Equizotensis.
Felix Castellanus prb̄t.
Constantius Gegitanus.
Uictor Eminentianensis.
15 Saturnius Sociensis prb̄t.
Iacobus Lemellefensis.
Cresciturus Cellensis prb̄t.
Emeritus Macrensis prb̄t.
Redux Noua-Licianensis.
20 Argentius Zallatensis.
Uindemius Lemfoctensis.
Auus Ficensis.
Restitutus Macrianensis prb̄t.
Uitalis Assafensis.

3 couiensis *A* 4 igillitanus *H* 8 Thubusubditanus *scripsi*: thugusubditanus *AH* 9 gerafitanus *H* 10 lesuitanus *A* 11 equotensis *H* 16 Lemellefensis *ego*: lemelefensis *AH* 19 nobalicianensis *AH* 22 Auus *ego*: abus *A*; *cf. Maur. Caes. 10* 23 restutus *A*

25 Uictor Flumen-Piscensis.
Inuentinus Maronanensis.
Romanus Molicunzensis.
Uictorinus Serteitanus prb̄t.
Montanus Cedamusensis.
30 Clemens Thamagristensis.
Adeodatus Priuatensis.
Rogatus Parteniensis.
Uillaticus Mozotensis.
Honoratus Tamascaniensis prb̄t.
35 Iustus Acufidensis prb̄t.
Emilius Asuoremixtensis.
Uzulus Thuccensis.
Aufidius Suristensis.
Uictorinus Perdicensis.
40 Possessor Zabensis.
Pascasius Salditanus.
Flauianus Uamallensis. sunt n. XLIIII.

Nomina episcoporum prouiñ Tripolitanae.

1 Callippides Lepti-Magnensis.
Leo Sabratensis.
Faustinus Girbitanus.
Cresconius Oeensis.
5 Seruilius Tacapitanus. sunt n. V.

Nomina episcoporum insulae Sardiniae.

1 Lucifer Calaritanus.
Martinianus de Foru Traiani.
Bonifatius de Sanafer.
Macarius de Minorica.

26 maronensis *H* 27 molicuntensis *H* 30 tamagristensis *H*

1 Callippides (*Καλλιππίδης*) *scripsi*: calipides *A*; *cf. Maur. Sit. 16, Maur. Caes. 70* 4 oensis *A; cf. Vict. I, 23*

2 troiani *A*; *cf. Schuch. I, 171*

Uitalis Sulcitanus.
Felix de Turribus.
Helias de Maiorica.
Opilio de Ebuso. sunt ñ. VIII.

Ac sic fiunt omnes episcopi diuersarum prouinciarum numero CCCCLXVI.

Ex quibus perierunt ñ. LXXXVIII. id est
de proconsular̃. numr̃ III.
de prouinc̃ Numidiae numr̃ XXXIII.
de prouinc̃. Maurit. Caesar̃ numr̃ XXXII.
permanserunt numr̃ CCCLXXVIII.
Corsica relegati numr̃ XLVI.
Hic relegati numr̃ CCCII.
Fugerunt numr̃ XXVIII.
Passus numr̃ I.
Confessor numr̃ I.

8 euuso *A* 1 prouintiarum *A* 5 numidie *A*
7 CCCCLXXVIII *A*

I. INDEX LOCORUM SCRIPTURAE SACRAE.

Prol. = Prologus. *Pass.* = Passio.

II. INDEX NOMINUM ET RERUM.

(Nomina, quae in Notitia Africae continentur, non recepi.)

III. INDEX UERBORUM ET LOCUTIONUM.

diis stercoribus uolutamus. III, 22 celsiori loco consistunt. III, 34 media urbe caederentur. *Cf. Draeger, Hist. Synt. I, p. 480.*

abl. temp. I, 40 multo tempore iacuit. I, 51 durauit in regno annis triginta septem, mensibus tribus. II, 15 tota die iacentia. *ibid.* temporeque multo eum ibi degere statuit. II, 52 fit silentium diebus multis. III, 36 decem mensibus texui. III, 71 tenuit Hunirieus dominationem regni annis septem mensibus decem.

absque solacio seruuli II, 14. absque pedibus III, 31.

abstractum pro concreto. I, 3 speciositatem terrae depopulabantur. I, 7 barbarus furor insontem infantiam elidebat ad terram. I, 8 pulcritudinem parietum solo aequabant. I, 9 hostilitas = hostes. *ibid.* arcente murorum defensione. I, 13 totius Africae ambitum obtinuit. I, 25 multitudo captiuitatis. *ibid.* libertatem de seruitute liberare. *ibid.* coniugia = coniuges. I, 34 lignorum soluta est fortitudo. II, 22 magnitudo consumpta est gregis. II, 36 sepultura = sepulchra. II, 42 sine uniuersitatis adsensu. II, 72 diuinitas = deus; *cf.* II, 76. 96. III, 14. — II, 79 aequalitatem distinctionis (= distinctarum) personarum. III, 2 placuit tyrannicae potestati. III, 10 iniquitas = inimici. III, 19 cogitauit multorum pia simplicitas. III, 31 coaceruare diuersitates poenarum. III, 36 maiestas uenerit iudicantis. III, 38 miseratio Christiana uictui contulerat profuturum. III, 39 bissenus numerus puerorum reuocatur. *ibid.* quos uiolentia heretica reuocauit. III, 43 asperitate cilicii adtereret corpus. III, 44 nisi heretica feritas ingessisset. *ibid.* pietas Christi subueniens sanum exhibuit. III, 49 insontem infantiam in suum gurgitem demerserunt. III, 50 cogitauit impietas Arriana filios separare. III, 52 nulla succurrente sustentatione ciborum. III, 56 herbae ediderat tellus uirorem. III, 63 si disputare nitebatur de fide barbara ferocitas. *Pass.* 9 ubi nulla miseratio adrideret.

abyssus putei sulphurantis = gehenna III, 36.

accessus = copia, potestas. I, 50 interdicitur ei prodeundi accessus. III, 33 ueniendi haberet accessum.

accipere = intellegere. II, 78 ne uocis editio acciperetur in uerbo.

accus. c. inf. I, 2 statuit omnem multitudinem numerari; *cf.* II, 9. 15. III, 14. — I, 24 factum est episcopum ordinari. II, 70 non fieri posse unam eandemque esse substantiam geniti atque ingeniti. III, 3 facit expendi. III, 4 fecimus innotesci. III, 6 facerent perueniri. III, 11 facerent praesentari. III, 31 faciebant uagari pendentem. II, 15 corpora trahi mandauit; *cf. Pass.* 5 ecclesias claudi mandauit. II, 15 quae sepeliri concessit. III, 12 quos ab omnibus supradictis abstinere decernimus. III, 28 petiuit sese deponi. III, 43 nullum introire permitteret. *cf.* contingit. — *in enunt. relat.* III, 33 ubi nullum humanum esse consolantis affectum.

accus. Graecus. I, 49 torrentem deliciarum eius potatus. III, 36 induisti te maledictionem. *ibid.* exutum stolam nuptialem. *Pass.* 5 cibari eos panem lacrimarum; *fort. etiam* II, 18 *cum BV*[1] *scrib.* repletam porcorum multitudinem. *cf. Roensch, It. u. Uulg.*[2] *p. 437.*

acsi = tamquam, quasi *Pass.* 8.

actiones publicas agere II, 23.

ad. I, 43 dum ad unum penderet pedem. II, 99 ad nomen dei patris homines dei appellantur. III, 11 tenerentur ad poenam. III, 27 ad quod (= qua re) tyrannus excitatus. — *pro* in *saepe.* II, 10 dirigit uiros ingenuos ad campum Uticensem; *cf.* II, 26. 30. 33. 45. III, 19. 38. 50. 53. 60. — ad modicum = breue tempus. III, 27 ad modicum atque temporaliter gloriari. III, 51 ad modicum gloriare. *Pass.* 8 temporalia ad modicum sufferre supplicia. — ad *pro* a—ab *in mss.* III, 18 ad rege *BV*[1]. III, 26 ad terra *B* (ad terrā *V*[1]). III, 65 ad persecutione *B*. *Not. Num.* 86 Quoduultdeus ad Turres **Concordi** *A. Res eo magis digna est quae*

cellarita III, 33.
censere = imperare II, 23.
cespes = ager, fundus. II, 10 cespites messium ('*Erntefelder*') desecarent. III, 55 non sata respersa uultus cespitum uiridabant. III, 56 graminosus cespis. III, 57 nullum cespitem terrae uertit aratrum. *Pass.* 6 ampli et lati cespitis domini.
cibari *Pass.* 5.
circa. II, 1 coepit moderatius agere et maxime circa religionem nostram. II, 4 si hoc circa eos non fuerit obseruatum.
circuibat I, 26. circuibant III, 48; *contra* III, 57 circumeuntes.
claret = apparet *c. acc. et inf.* II, 62. 82.
clauatus. *Pass.* 14 clauati feruntur potius quam ligati; *uid. significare* clauis confixi.
coartare = cogere. I, 39 qui coartaret ad tradendum ministeria diuina domini sacerdotes; *cf.* artare.
coëpiscopus II, 39. 41. 43. 44.
coërcere = impedire II, 36.
cogitare = statuere. — *cum. inf.* I, 17 cogitauerunt supplicandi gratia regem adire. III, 44 cogitauit simul extinguere. — *cum coni.* ut. I, 19 cogitauit rex ut Sebastianum taliter conueniret. II, 10 cogitat ut nostrae religionis homines neque annonas neque stipendia solita potirentur.
cognitor = quaesitor II, 53.
cognoscere = scire, nouisse. I, 49 cognoscit deus quia inuitus facturus es hoc. III, 9 publico crimini huiusmodi personae se cognoscerent esse subiectos (*pleonastice pro* subiectae essent).
cognoscor = constat, δῆλός εἰμι. II, 7 ubi ecclesia ne unius nummi habere cognoscitur facultatem. III, 5 dilationem aliquantorum dierum dedisse cognoscimur.
collatio = disputatio II, 53. III, 63.
collocati = degentes, morantes II, 37.
collocatio uerborum. I, 11 tunc illud eloquentiae, quod ubertim per omnes campos ecclesiae decurrebat, ipso metu siccatum est flumen. I, 19 famosi illius gener comitis Bonifatii. I, 21 quam propositionem Geisericus cum omnibus qui aderant cum audisset. I, 27 nisi consilio prudenti, dum auocatur (*scil.* multitudo), nesciente multitudine sepeliretur. I, 35 uirtutem neglexit cognoscere diuinam. I, 44 a suo prohibetur Iucundo presbytero; *cf. Augustin. C. D. XVIII, 13* de fabro Daedalo et eius Icaro filio. I, 49 quod ille plenus deo magis ut uelociter prouenisset, impios prouocabat. *ibid.* suis genua conplectitur ulnis. II, 8 cotidianis et praecipue eum Cyrila calumniis insectantes. II, 11 illa arida incolomis confessoris restituta est manus. II, 23 ut nostrorum episcoporum defunctorum fiscus sibi substantiam uindicasset. II, 53 deligunt de se nostri qui pro omnibus responderent decem. III, 3 quod quibusque personis, prout eorum facta meruerint, seu bona seu forte talibus contraria, dum facit expendi, simul etiam prouenit compensari (*pro* quod, dum *et rel.*). III, 23 talibus itaque filium solidans uerbis. III, 25 Serui quoque Tuburbitanae ciuitatis maioris, generosi et nobilis uiri, pro Christo quas pertulit quis explicet poenas. III, 26 uel horum quos genuisti miserere impia paruulorum. III, 61 eius translator Graecae facundiae Latinisque floribus Rufinus ornatus.
colonatus iure ad excolendum agros accipiatis III, 20.
colorare. III, 18 scripturae tenorem, qui huiusmodi sermonibus fuerat coloratus. III, 51 fallaciam suam colorare minime potuerunt; *cf. Roensch p. 384.*
comitari cum. I, 49 secum comitantibus filiis. II, 30 cum dei exercitu comitantes; *cf. Roensch p. 523.*
commanere I, 15. 29. 35. III, 41.
comparationis gradus ita inter se confundit auctor, ut iam inter positiuum, comparatiuum, superlatiuum discrimen non sit. 1) *comp. pro posit.* I, 5 facilius. I, 11 dulcius. I, 27 saepius, *item* I, 28. 34. 43. II, 39. III, 25. — I, 43 crebrius. II, 1 mitius et moderatius. II, 2 uehementius. II, 9 minoribus. II, 12 acrioribus. II, 14 longius. II,

cedem. III, 28 quod frater meus facturus est. III, 36 quid facturus es. III, 50 perditurus es animam tuam. — 2) *pass.* I, 47 promittens multis eum diuitiis cumulandum. II, 34 a quibus diuini sacrificii ritus exhibendus est.

coniunctio copulatiua mire posita. *Prol.* 2 et illi ut laudarentur in saeculo (*ubi expectes* illi enim). II, 9 palis minoribus dentatis iectis in capite crinibusque in eisdem conligatis a c uehementius stringentes . . . pelliculam capitis auferebant. II, 17 amputatis igitur in breui omnibus quos timebat et solidans sibi ut putabat regnum. II, 39 et quia in prouinciis a deo nobis concessis scandalum esse nolumus, ideoque hoc nos statuisse cognoscite. II, 50 adtendens quoque Eugenius in uerecundam credulitatem, et quia iam tempus urguebat, pergit.

coniunctiones copulatiuae. I, 23 et — et — sed et. II, 4 tam — uel — sed et. III, 8 tam — quam etiam. III, 16 non tantum — et. III, 26 et — simul et. — simul et *pro* et I, 30. 35. II, 33. III, 33. 63. — sed et *pro* et *passim. cf.* et, uel.

coniunctiones disiunctiuae. I, 3. III, 46 aut — uel. II, 30 aut — aut = et — et; *cf.* II, 53. — II, 70 aut — immo. III, 8 siue — siue — uel. III, 9 nec — nec — aut.

coniunctiuus in enuntiatis relatiuis sine causa positus. I, 8 ubi ministerium ignis minus ualuerit. I, 9 quas hostilitas barbarici furoris obpugnare nequiret. II, 5 qui nulla posset ratione sedari. II, 7 quantum diei sufficeret. II, 37 quae etiam in procul positos ueneni uirus infundat. III, 33 ubi nullus ueniendi haberet accessum. *Pass.* 9 ubi nulla miseratio adrideret lenitatis.

conpungere. I, 32 conpunctus atque mutatus; *cf. Roensch p. 354.*

conputare. I, 28 ad mercedem conputans gloriae suae. II, 9 quod sibi lucrum maximum conputabant.

consecutio temporum. II, 28 poteratis, si festinetis. II, 53 ne Ariani dicerent, quod eos nostrorum oppresserit multitudo. II, 79 illud est intuendum, quomodo deus sacramentum trinitatis ostenderet. III, 24 in sua domo maluit sepelire, ut quotiens super sepulchrum eius trinitati preces effundit, alienam se a filio numquam esse confidat.

consequentia sic loquuntur II, 79.

consistere = constituere III, 22.

consolari = adiuuare I, 17.

consonantes litterae: b = p. I, 48 obtione. — c = g. III, 4 neclectum (*cf.* I, 35 crassari *Wβ*, III, 34 crassantibus *BVCWsaPb*¹, II, 65 aucmentum *BV*). — (d = t *in BVC.* II, 36 *et* 43 capud. I, 19, II, 43, 88, 89, 90, 92 (*ter*), 93, 94, 97, 98 inquid; *cf.* ad *pro* at I, 31 *BV*, III, 47 *BV*¹*C*¹; *Pass.* 10 adque *B*). — f = ph. II, 47 Epifaniorum. III, 34—37 Elpidoforus. *Not. Maur. Caes.* 95 Filo. — h; *cf.* '*aspiratio*'. — n = m. I, 10 Panpinianus. III, 55 panpineis. — qu = c. II, 95 quur, III, 30 loquuti (*cf.* III, 56 dequocens *BV*¹ *C*¹, dequoquens *β*). — s = ss. II, 5 musitantes. — t = d. I, 11 Dauiticum (*sic mss Sedulii et Aratoris*). I, 32 *et* 44 haut. III, 34 aput. — *assimulatio*: mm *pro* dm. I, 22 ammoneret. II, 28 ammonitionis. II, 41 ammonere. III, 5 ammoniti. II, 32 ammissi. II, 35 ammissus.

conspectus. II, 28 qui esse poteratis in conspectu regis honorabiles.

constitutio = lex. II, 13. III, 12.

constitutus '*befindlich*'. II, 10. 24. 39. III, 14. 23. 34. 38. 67.

constructio ad sensum. I, 2 statuit omnem multitudinem numerari, usque ad illam diem quem (*i. e.* quemcumque) huic luci uterus profuderat uentris. I, 15 turbam clericorum nauibus fractis inpositam nudos atque expoliatos expelli praecepit. I, 30 sed etiam martyria quam plurima esse probantur, confessorum autem ingens et plurima multitudo, ex quibus (*scil.* martyriis *et* confessionibus) aliqua narrare temptabo. I, 32 conuersus itaque cum tribus

credulitas = fides, πίστις II, 50. 75.
cremare = cruciare. II, 24 cremantes graui suspendio. III, 26 dum continuato suspendio cremaretur; *cf.* concremare.
crepare = dirumpi. I, 43 nerui ut fila aranearum crepabant. *Fulgent. Myth. III, 8:* solis ardoribus crepans (myrrha) rhagades efficit; *cf. ibid. II, 15 et Uulgat. act. apost. 1, 18.*
crispare *intrans.* II, 50. III, 56.
cubitare = concumbere I, 31.
cum *caus. c. ind.* II, 70 cum uero ingenitus pater de se ipso filium generauit, apparet una esse gignentis genitique substantia. = quamdiu. I, 31 poteris et ipse tibi praestare, cum licet. = quod. II, 84 quod sit autem occultorum cognitor, ex hoc manifestum est, cum obscura consilia Iudaeorum traducens dicebat.
cupiditas = auaritia. II, 2. 7.
cursitare *uerb. trans.* III, 69 uniuersum orbem cursitastis.

Daemonicus III, 48.
data: *haec subscriptio legibus, edictis, suggestionibus additur.* II, 39. 42. III, 14. *cf.* directa II, 101.
datiuus. 1) *pro* ad *uel* in. I, 2 quem huic luci uterus profuderat uentris. I, 16 exilio truderetur; *cf.* I, 22 exilio trudebatur, II, 14 exilio delegauit, III, 33 exilio arido et inuio relegatur, III, 53 exilio relegastis, *Pass.* 4 exilio crudeli detrusit. — I, 18 uicino mari demergere; *cf.* II, 22 ollis demergebant. — I, 33 conicit uinculis. I, 42 pauimentis sparserunt; *cf.* III, 46 aquam corpori spargit. — II, 38 uniuersae Africae destinauit (= per uniuersam Africam misit). III, 17 dimittit uos ecclesiis et domibus uestris. III, 39 Carthagini reuocauit; *cf.* III, 60 suis prouinciis reuocari. III, 58 perpetuae seruituti redigere. — 2) I, 34 artatur durae custodiae cuspidique crudeli extenditur; *cf.* III, 36 tendiculae crucis extendens. — I, 35 propriae uoluntati dimisit. II, 14 uxori ligato pondere; *cf.* II, 24 pondera pedibus conligantes. — II, 4 populo tractare; *similiter* II, 8 dei populo uerbum faceret consuetum. II, 28 uerbum ammonitionis fratribus facere, III, 24 trinitati preces effundit, *Pass.* 11 populis clamabant, *Pass.* 8 eis serpens uoluit sibilare.
de. I, 19 occasionem mortis de religione quaesiuit. II, 6 exultans de ordinatione. III, 10 quod de libris huiusmodi praecipimus faciendum; *cf.* III, 19 similiter factum est ut de illis, III, 50 ita de filiis medici uenerabilis Liberati factum esse probatur. — III, 5 pontificibus de toto orbe. *Pass.* 7 septem fratres de territorio Capsensis ciuitatis. *Not. prou. Num.* 31 Uictorinus de Noua Caesaris; *cf.* 51. 52. 121. *ibid.* 105 de Turres Ammeniarum. *Not. Sard.* 2–8. = *abl. instrum. uel caus. Prol.* 1 de quibus exacuerent stilum ingenii. I, 23 qua de re plurimos nouimus relegatos. I, 37 de qua re surgens in inuidia. = ex. I, 30 fuit hic Uuandalus de illis, quos millenarios uocant; *cf.* I, 37. 39. II, 2. 39. 56. 57. 66. 67. 69. 70. 72. 73. 77. III, 69. — de proximo = statim, mox. III, 29 omnis simul ciuitas euectione nauali de proximo ad Hispaniam confugiuit. *Augustin. C. D. XIII, 19:* qui stultam duxerint uitam, ad corpora suis meritis debita siue hominum siue bestiarum de proximo reuoluantur. *cf.* de reliquo (*fernerhin*) *apud Paul. Hist. Rom. XV, 11,* de cetero *Iordan. Get. cap. 25,* de futuro *ibid. cap. 52.* — de *enuntiato praefixum:* de id quod ipse est II, 66. 70.
dealbare = album facere I, 7. dealbatus = albus *Pass.* 3.
debaccari = saeuire *Prol.* 4.
debite supplicabo II, 96.
declinatio. 1) *nominum.* — *nominatiuus.* III, 56 cespis. I, 46 Armogas; *accus.* Armogastem I, 43. 45. — *genet.* II, 2 Olibri. II, 58, 62, 64, 68, 74 *et* III, 20 fili. III, 43 Antoni. — I, 41 innocentum, *item* III, 21 *et Pass.* 2. — II, 18 lamentantum. III, 4 mensuum. II, 1 *et* III, 48 hereseos. — *locatiuus.*

deorsum. I, 43 capite deorsum dum ad unum penderet pedem; *cf. Augustin. C. D. XIX, 12:* uelut si quisquam capite deorsum pendeat.
depopulari = rapere, auferre I, 39.
deputare = tradere, ἀπονέμειν. *Pass.* 9 tenebrosis deputati sunt locis.
deriuatio II, 73.
desideria = desiderabilia. III, 26 mundum cum suis desideriis contemnebat.
despicare = rumpere, frangere, destruere. I, 8 tectis admodum despicatis pulcritudinem parietum solo aequabant. III, 48 despicatis postibus ianuarum; *cf. Ducangium s. u.* dispecare *et Zeitsch. f. öst. Gymn. 1880, p. 819.*
destinare = mittere. I, 37. II, 3. 26. 32. 38. III, 18 (*bis*). 21. 38. 47.
dextra = dextrorsum. II, 20 clamabat dextra laeuaque.
dextralis (*scil.* securis) I, 4; *cf. Ducang.*
dicere = iubere. II, 46 cum dicat apostolus cum nefariis nec cibum habere communem.
die KL Februarias *in titulo Notitiae.*
dies *fem.* I, 2. II, 15. 33. 41. III, 2. 6. 28. *Pass.* 11.
diffamare = peruulgare *Prol.* 2; *cf. Augustin. C. D. III, 10* Romanum imperium tam longe lateque ... et tam grandi gloria diffamari.
differre = diffamare, infamem reddere; *syn.* traducere. III, 16 quare traducimur, quare differimur. *cf. Roensch p. 385.*
dignanter = animo benigno II, 42.
dilatatio. II, 21 arborem, quae dilatatione sua omnem paene Africam opacabat (*mss plerique* dilatione *fort. recte; cf. Ducang. s. u.* dilatio).
dimittere = sinere. I, 40 ut nullus eum neque in domo neque in agro dimitteret habitare. II, 33 se ultroneum, si dimitteretur, talibus passionibus dare. = relinquere, ὑπολείπειν, *übrig lassen.* I, 18 decreui ego de nomine et genere uestro nullum dimittere. II, 12 quorum nullum dimitteret, nisi ei mors desiderii sui uoluntatem auferret. III, 15 non animal, non seruus ... penitus dimittuntur. *cf. Roensch p. 359.*
dirigere = mittere. II, 4. 10. 24. 38. 39. 44. 47. 101. III, 2. 19. 21. 29. 30.
disconiungere III, 50.
discussio = quaestio iudiciaria I, 48.
discutere = inquirere in aliquem. I, 50 discutitur, expoliatur. III, 62 discutite nomen et intellegite mores.
disponere. II, 55 propone quod disponis. III, 19 secedant in parte, qui iurare disponunt. — disp. de. II, 79 cum de mundi et hominis creatione disponeret.
dissipare = dissecare. I, 7 a meatu prorsus naturali usque ad arcem capitis dissipabant. = dilaniare. I, 34 dissipatis carnibus uiscera nudarentur. II, 16 flagellis crudelibus dissipabat. III, 40 uariis uerberibus dissipauerant.
distentus = extentus, longus. I, 37 mittunt legatos per itinera distenta deserti.
distrahere = uendere. I, 25. 48. 50. II, 1.
diuersus = uarius II, 55. III, 45. — diuersi = singuli III, 2. 9. 12. 13.
doceor = constat. II, 37 quorum feritas uirulenta nullum nocuisse docetur.
dominari *cum dat.* I, 30 et Maxima uniuersae domui dominabatur.
dominium = regnum. III, 60 in tantum sibi deuastans uindicauit fames dominium.
domus orationis = ecclesia I, 4.
dormitio = mors I, 45.
ducibilis *Pass.* 3 (*u. l.* docibilis).
dudum, *adiectiui loco positum.* III, 37 quia se ipse separare uoluit a catholicis dudum fratribus suis; *cf.* quondam *et* tunc.
dum. 1) *coni. temporalis.* α) *cum coni. imperf.* I, 5. 16. 22. 25. 28. 34. 41. 43. 45. II, 5. 9. 18. 19. 30. III, 5 (*bis*). 6. 16. 25. 26. 28. 34 (*bis*). 35. 39. 40. 43. 60. *Pass.* 9. 14. β) *cum coni. plusquamperf.* I, 17. 23. 40. II, 20. III, 29. 43. 54. *Pass.* 14. γ) *cum indic.* III, 36 dum maiestas uenerit iudicantis. *cf.* I, 17. II, 46. — 2) *coni. causalis.* α) *cum coni.* II, 40. III, 60. β) *cum indic.* II, 58. 71 (*quater*). 79. — 3) = *indem, dadurch*

dimitteret, nisi mors uoluntatem auferret. II, 16 quibus haec supplicia proficere poterant, si catholici fuissent et fidei suae merito ista perferrent. II, 28 qui esse poteratis in conspectu regis honorabiles, si eius festinetis facere uoluntatem. II, 34 uobiscum et nos libebat pergere, si liceret. II, 40 nullum inuenit remedium calamitas, nisi suggerenda daretur. II, 51 uolebant eum, si fas esset, necare. III, 16 si recederent, reuocarentur. *cf.* III, 63.

eo quod II, 51. III, 1. eo adiecto ut III, 8.

ergo *in apodosi.* II, 63. 67. 69 (*bis*). 96.

essentia II, 56. 57.

et. — *interrogationi praecedit* II, 30. III, 50. 61. — *aduerbiis* maxime, praecipue, praesertim *praemittitur.* II, 1. 8. 40. 43. III, 16. 21. 28. — et non *pro* neque *passim.*

euacuare II, 18.

euaginare spatas I, 41.

euectio naualis = nauigatio III, 29.

exalare = mori III, 31.

examinator II, 53.

exanimus III, 26.

exarare ungulis III, 28.

excepto: ut nulla excepto (*W β*) superstitionis suae antistitibus ecclesia patuisset *sic β* III, 8; *recte? Cf. Pauli Hist. Rom. XV, 4*: excepto duabus regionibus... cetera omnia praedatorum sunt auiditate uastata.

excurrere = enumerare, narrare I, 24. — pergebat excurrens per singulos lectus I, 26. — a mille et quod excurrit III, 5 (quod excurrit *etiam in Computo Carthag. a 455 composito* II, 2; quot excurrunt *nusquam legi*).

exercitus = gens I, 13. III, 60; *cf. Edict. Rothar. praef.*: undecimus Alboin...qui exercitum (*i. e.* gentem Langobardorum) in Italia adduxit.

exhibere = reddere, facere. III, 44 pietas Christi ... sanum exhibuit.

expeditus magisterii gentium (?) *Prol.* 3.

explere = facere I, 37.

explicare = absoluere, finire II, 7.

expoliare = uestibus exuere III, 22.

extentis III, 35. extensis *Pass.* 14.

exterminare = uastare, delere I, 3. 13. *cf. Roensch p. 365 sq.*

exuere = uestibus exuere III, 35.

exulare = in exilium mittere II, 14.

exultare = prominere II, 36.

Facere stercora et urinam II, 32.

facies. I, 28 in publica facie. III, 21 in facie publica. III, 28 a sua facie proiecerunt. III, 53 quos abiecistis a facie omnium populorum.

factura = creatura, *Geschöpf* II, 69.

faex = ignominia, dedecus. III, 32 ad obprobrium uidelicet ipsius rei publicae et in nostri iam deficientis temporis faecem.

femoralia I, 39.

fixis genibus II, 50. *Hieronym. de uir. inl. cap. 2* (*ex Hegesippo*): solusque ingrediebatur in templum et fixis genibus pro populo deprecabatur. *Non recte igitur Sauppius ap. Eugipp. uit. Seuer. XI, 3 scripsit* humi cum eis fixis genibus precaretur.

flagella = flagellorum uerbera III, 33; *cf.* fustes.

foederatus = iunctus I, 25.

foris *praep. cum abl.* — foris muro I, 16. III, 15. foris ciuitate I, 40. III, 16. — *aduerb.* II, 6 qui foris (= extra ecclesiam) sunt.

forsitan *abundat.* III, 9. 13.

forte *saepissime eodem sensu accipiendum, quo Graecorum ἄν, nostratium etwa, wohl; cf. Prol.* 1 I, 4. 7. 46. 49. II, 13. 31. 35. 53. III, 3. 8. 10. 11. 16. 33. 51. 57. 60.

fortis = firmus, ualidus. I, 43 allatis fortioribus cordis.

fortitudo = firmitas I, 34.

fractus = fragilis. I, 15 turbam clericorum nauibus fractis inpositam.

frustra = sine causa III, 55.

funiculo hereditatis diuisit I, 13; *cf. Uulgat. I Par. 16,. 18, Ps. 104, 11. Zeitsch. f. öst. Gymn. 1880, p. 818.*

funus = cadauer. III, 58 nec deerant cotidie ubique expirantium funera *i. e.* mortuorum corpora.

fustes = fustium uerbera, *Stockstreiche.* II, 54 iubentur uniuersi

nos II, 26. — se habere aliquod secreti genus intimandum II, 48.
habilis = agilis, ualidus II, 37. *Placid. Gloss. ap. Mai. Auct. Class. III, p. 470:* habilis dicitur qui se habet, id est integer et fortis.
hastile = hasta. II, 35 hastilium cuspidibus ad currendum tundi.
hic. I, 22 qui in his regionibus uersabantur, quae regiones palatio tributa pendebant. I, 49 ab his qui exsequebantur. *ibid.* inuitus facturus es hoc, quod forte uoluntarie aliquanti fecerunt.
honor = sollemnitas. I, 41 ob diem paschalis honoris.
honorabilis II, 22. 28. III, 35.
honorificentia = honor II, 99. III, 2.
hospites = aduenae, peregrini, hostes I, 7.
Hypallage. I, 5 diuersis poenarum generibus extincti sunt. I, 7 camelis uel aliis generibus iumentorum. III, 27 generibus omnium tormentorum. II, 27 qui eum conligatis funibus trahendo perducant. II, 50 crispantem benedixit alueum fontis. II, 56 in sua proprietatis persona. II, 72 de sua ineffabilis naturae substantia.

Iam iam III, 61. — iam iamque = continuo III, 70.
iam dudum = olim, antea II, 12.
ibi Carthagine I, 8. III, 49; *cf.* III, 5 huc ad Carthaginiensem confluerent ciuitatem.
idem = is II, 9. 52.
ignitus II, 24. III, 28.
ille = ὁ. *Pass.* 9 sed populus ille memoratae urbis.
illo = se. I, 31 et Martinianus nesciens quid de illo decreuerat deus.
immolare = sacrificare, missas agere I, 22.
impendere = ingruere, irrumpere. I, 3 quaquauersum impietatis agminibus impendebant; *cf. Coripp. Ioh. VI, 669, VIII, 149; Possid. uit. Augustin. cap. 30.*
impiissimus III, 53. *Pass.* 2.
impulsio manuum III, 31.
in. — in domino laetabatur I, 28. II, 10. tripudians in domino III, 27. fortes in domino III, 29. gaudentes in domino III, 34. in domino gloriantur III, 40. in domino fidelis *Pass.* 9. in plurimis factum est I, 14. in frontibus cruciabant I, 6. in una religione consortes II, 41. in sua promissione minor inuentus III, 45. libellum in hac similitudine uerborum III, 53. in confessione trinitatis passi sunt *Pass.* 16. in commune = communiter II, 6. in tantum = adeo III, 60. in unum = una, simul *Pass.* 7. — in *ablatiuo temp. additum.* in breui I, 39. II, 17. III, 71. in illa hora I, 47. — in = *abl. instr. uel. caus.* II, 2 in uno displicens. II, 9 palis minoribus dentatis iectis in capite crinibusque in eisdem conligatis. II, 18 solito in ornatu fulgentem. II, 30 in his sermonibus consolantem. II, 82 in differentiae qualitate seiuncti. III, 35 in his uerbis totam ad fletum et lacrimas commouisse dicitur ciuitatem. *Pass.* 5 potari in lacrimis. *Pass.* 8 quod in uno baptismate artifex trinitatis dignatus est titulare. — *pro abl. modi.* II, 97 spiritus, quem beatus Petrus in tanta sublimitate (= tam sublimiter) praedicauit. = inter. II, 35 in his uocibus et lacrimis nullus ammissus est consolator.
in *cum accus.* = in *cum abl.* II, 1 in primordia regni coepit mitius agere. II, 4 qui in Constantinopolim sunt. II, 44 non quia deessent in Africam. *Pass.* 5 potari in lacrimis in mensuram. *Pass.* 10 in medium pelagus concremari. *cf. Prol.* 1 in totum = in toto.
in *cum abl.* = in *c. accus.* I, 4 in ecclesiis saeuiebant. I, 11 in amaritudine absinthii uersa est. I, 15 transmarina in parte proiecit. I, 22 in persona regis dixisset. I, 37 surgens in inuidia. I, 41 in gutture iaculatus. II, 1 in illis exarsit. II, 9 iectis in capite. II, 13 crudelis in sacerdote. II, 16 impietatem regis in suis. II, 17 in persecutione conuertit. II, 18 in claritate pristina restitutam. II, 20 intrantes in penetralio. II, 23 in insulis Sicilia et Sardinia relegauit. II, 32 in gurgite mergi. III, 7 in

arguere. II, 69 absit hoc ita credere. III, 2 proponere non erubuerunt. III, 8 commorari licentia. III, 11 celare diligerent. III, 18 adcelerauerunt propalare. III, 22 facere conputatis. III, 27 fecissem gloriari et ingratus existere. *Pass.* 4 edere concessum est. *Pass.* 5 donare praecepit; *cf. sub* addere *et* neglegere.
infundere *cum duplici accus.* (?) II, 37 quae procul positos ueneni uirus infundat; *sic BVCWs¹aβ.*
inlatio = pensio multae III, 13.
inluminari = oculorum lumen recipere I, 38.
inminere = consulere, operam dare. III, 11 qui huic rei non inminebant.
innotescere *uerb. trans.* III, 4.
inpassibilitas diuinae generationis II, 74.
inpassibiliter II, 73.
inpendere sepulturam III, 58.
inponere fustes II, 45.
inquirere = quaerere. II, 51 inquiritur ab eo quid factum sit.
inreuocabilis strepitus II, 51.
insinuare = demonstrare, docere. II, 74. 79. = narrare III, 29.
inspicere uenam I, 26.
instantissime = seuerissime III, 11.
insuetudo nauigii I, 26.
intellegentiam sui dare II, 76.
intendere = animaduertere, uidere III, 31.
inter Mauros mitti II, 4.
interpretatur *passiue* II, 57.
intimare II, 48. 56. 72.
intra nomina personasque se praestitit diuinitas II, 76. intra unum diuinitatis nomen spiritum sanctum praedicans II, 79.
inuenire. III, 3 quisquis enim aliquid prauitatis inuenerit. III, 58 cupiebant libertatem suam seruituti redigere, et non poterant inuenire. *Pass.* 13 septenus nostrae congregationis numerus nullum inueniet detrimentum. III, 34 superior omnibus exsecutor persecutionis inuentus. III, 40 superiores suis inuenti sunt annis. III, 45 in sua promissione minor inuentus est. — non inuenire = desiderare. III, 23 ne ueniens inuitator uestem non inueniat nuptialem.
inuicem. II, 13 aientes inuicem singuli nobis. II, 31 iactantur confessores Christi super inuicem. II, 62 aequalitatem patris et fili ad se inuicem credentes adducere. = simul. III, 28 super corpus et sanguinem eius iurauimus, ut pro eo inuicem patiamur.
ipse *pro* idem. I, 19. 43. II, 18. 52. III, 43. — *pro* is. III, 7. 22. *Pass.* 12.
is *pro reflexiuo.* II, 48 suggerit cuidam diacono, ut eum (= se) episcopo nuntiaret.
iste = hic, *saepe; cf.* I, 51. II, 34. 64. III, 25. 28. 42.
iugis amicitia I, 19.
iugiter II, 18. III, 31. 40.
iuxta = secundum II, 94.

Laboriosus = miser, μοχθηρός II, 35.
lactare. I, 49 quae tunc lactabatur.
laeua = laeuorsum II, 20.
laudabiliter = in laudem suam *Prol.* 2.
legatio = mandatum, quod per legatum defertur. II, 3 mittit ad ecclesiam Alexandrum inlustrem huiusmodi legationem ferentem.
liberare = saluare, deo adquirere. III, 22 quae suo sancto exemplo paene uniuersam suam patriam liberauit.
libet *cum accus.* II, 34 nos libebat.
licet. II, 19 dum ingentis massae, licet confusae, magnitudinem miraretur. III, 16 licet mendicantes. — licet . . . tamen. II, 19 uix magnitudinem illius massae, licet probatae, ad aceruum tamen perduxit exiguum. III, 51 cum ipsa uel maritus, licet seorsum, carceris tamen custodia tenerentur.
limes *de freto Gaditano* I, 1.
liquescere = putrescere I, 9.
locatus = situs. III, 56 graminosus cespis, humida tunc in ualle locatus.
locutiones mirae. I, 16 quis possit sine lacrimis recordari, dum praeciperet. I, 24 cuius si nitatur

iens igitur quantitas uniuersa . . . ilico statuit. *ibid.* quae opinio diuulgata . . . tantus numerus aestimatur. I, 3 et sic . . . furentes, ab eorum contagione nullus remansit locus inmunis. I, 25 diuidentes Uuandali et Mauri . . . mariti ab uxoribus . . . separabantur. I, 29 qui (numerus) paulatim deficiens, nunc . . . tres tantum esse uidentur. II, 32 data ingentia munera Mauris, uix clam ammissi sumus intrare. II, 34 quae agmina uenientium nequaquam capientes, per uertices montium turba descendebat. II, 40 cognoscentes simulque legentes, contritum est extemplo cor nostrum. II, 50 uexillo crucis consignans oculos eius, statim caecus uisum recepit. II, 52 aestimans tali exemplo timorem incutiens reliquos elisurum. III, 2 nesciens quoque quid loqueretur neque de quibus adfirmabat, legem . . . aduersum nos illi proponere non erubuerunt. III, 4 spatia temporis praerogata mensuum nouem. III, 25 nunc in sublime tollentes . . . super silices platearum ut lapis super lapides conruebat. III, 50 auctoritate uxoria increpatus . . . ilico lacrimae siccauerunt. III, 54 sed neque Antonium haec res ab insania potuit reuocare, sciens se magis impio regi ob hoc multum posse placere. III, 71 nam putrefactus et ebulliens uermibus, non corpus, sed partes corporis eius uidentur esse sepultae. *Pass.* 8 qui adtracti ad urbem Carthaginiensem, primo eis serpens uoluit sibilare.

participium praes. = uerb. finit. I, 50 discedens mulier cum filiis refutata; confortatur Saturus ad coronam. II, 6 gaudium cumulatum est ecclesiae dei. exultans multitudo catholica . . . de ordinatione pontificis. II, 24 cremantes graui suspendio atque ingentia pondera pedibus conligantes, lamminasque ignitas dorso adponebant. III, 9 in populos quoque praefati imperatores similiter saeuientes. III, 15 non animal, non seruus . . . penitus dimittuntur; addens adhuc. III, 28 cui frater alius metuens ne fidem negaret, et de suspendio clamabat.

participium praesentis pro tempore praeterito. I, 1 Africae miserabilis attigit fines, transuadans per angustias maris. I, 3 inuenientes pacatam prouinciam, speciositatem totius terrae depopulabantur. I, 18 recedentes illi . . . coeperunt diuina mysteria celebrare. I, 33 inueniens Christi mancipia conicit uinculis. I, 35 peruenientes traduntur regi Maurorum. I, 41 cadente de manibus codice mortuus post cecidit ipse. I, 42 introeuntes corpus Christi pauimentis sparserunt. II, 9 uidentes feminam uel masculum ambulantes . . . simul cum capillis omnem pelliculam capitis auferebant. II, 15 quae tota die iacentia uix uespere sepeliri concessit. II, 28 superuenientes comites duo cum dei confessoribus agere coeperunt. II, 33 exeuntes itaque die dominica . . . crudeliter minabantur. II, 48 orat ueniens. II, 49 audiens episcopus iussit hominem introire. III, 29 quod ille cognoscens relationem Carthaginem direxit. III, 38 parantes dorsa sua uerberibus alacres ad exilium pergunt. III, 71 ad eos ueniens quondam Nicasius in breui simili morte periit. *Pass.* 3 accipiens tyrannus serpentinam suggestionem, edictis feralibus coepit Africam commouere.

parturitio = dolor II, 11.

paruissimus III, 8.

paruuli = infantes. I, 2. 7. II, 34. III, 26.

passio = morbus III, 44.

pastor = abba I, 32.

paulatim = ex ordine. I, 24 quae per illum dominus fecerit paulatim excurrere. *Gloss. ant. ap. Mai. Auct. Class. VII, p. 573:* paulatim, particulatim.

peccator *adiect.* II, 50 peccator ego homo sum.

pellicula capitis II, 9. — pellis = cutis *ibid.*

penitus *negationi additum* II, 26. 60. III, 8. 9. 15. 28. 51. 56.

per. II, 80 per Moysen benedictio. III, 48 per fila consciderunt. =

pluriores III, 32; *cf. Roensch p. 278.*

plusquamperfectum pro imperfecto. 1) *indic.* fuerat I, 26. 51. II, 8. 17. III, 16. 18. 58. 63. fuerant I, 15. III, 15. potuerat I, 27. III, 45. potuerant III, 57. solitus erat II, 48. remanserat ... produxerant III, 55. ediderat ... aruerant ... siccauerant III, 56. — 2) *coniunct.* α) *in enuntiatis finalibus.* I, 20 ut uenisset et haberetur. I, 39 ut nudaret et captiuasset. I, 47 ne fecisset. I, 49 ut prouenisset. II, 2 ut ordinasset. II, 12 ne armasset. II, 23 ut uindicasset. II, 27 ut iussisset. II, 28 ut perduxissent. II, 44 ut uenissent. III, 8 ut patuisset ... liceret ... iungerentur ... prouenissent ... patuisset ... redderentur. III, 15 ut nullus quempiam reciperet aut alimoniam praestitissent III, 21 ut remansisset. III, 30 ut abscidisset. *Pass.* 15 ne paruisset. β) *in enuntiatis consecut., rel., interrog., condicional.* III, 11 si celare diligerent et minime publicassent. III, 16 factum est ut exisset. III, 19 ex qua ciuitate fuisset. III, 21 ubi non fuisset eiulatus. III, 27 si haec praesens uita sola fuisset et aliam non speraremus. III, 61 si nunc superessent uel eis fari licuisset. — *saepe etiam in plusquamperf. pass.* fueram *pro* eram *et* fuissem *pro* essem *positum est; cf. exempli gratia* III, 34 fuerat baptizatus *et* fuisset inuentus.

podagri II, 26.

pontifex = episcopus. *Prol.* 2. I, 5. 10. 37. III, 5. 14. 44. 54.

populi = homines. I, 24. II, 1. 18. 34. 51. III, 53. *Pass.* 11. = laici III, 9.

populariis *pro* popularibus *B φ W* I, 11 (?); *cf.* iocularis *et* iocularius.

positus *'befindlich'* I, 23. III, 2; *cf.* constitutus.

post paululum II, 18. III, 31. 58. *Pass.* 8.

potare = ποτίζειν I, 49. *Pass.* 5; *cf. Roensch p. 376.*

potiri *cum accus.* = accipere II, 10.

prae omnibus habere III, 27.

praeceptum = edictum II, 38. 41 (*bis*).

praecipitium = perditio III, 39.

praeconium = uaticinium I, 11. uaticinante praeconio III, 69.

praefati sumus = supra diximus I, 15. III, 53. — praefatus *passiue* II, 41. III, 9.

praeiudicare = interdicere. II, 1 ut etiam ubi antea sub rege Geiserico praeiudicatum fuerat, ne spiritales fierent conuentus, conuenticula concurrerent populorum. — praeiudicatis uenerabilibus portis (ecclesias) caementis ingentibus claudi mandauit *Pass.* 5, *sensu obscuro.*

praelum = machina qua uestimenta lota exprimuntur *Pass.* 3.

praeparari = se praeparare II, 32.

praerogare = dare, tribuere, dispensare. III, 4 spatia temporis praerogata mensuum nouem. *cf. Fulgent Rusp. ad Mon. I, cap. 7* aut gratuitam misericordiam praeroget misero, aut debitam iustitiam rependat iniusto. *C. I. L. VIII, 1296* benefici(i)s in ciues remq(ue) p(ublicam) praerogatis. *Fulgent. Uirg. Cont. init.* (*p. 138 Munck.*): quae plus periculi possent praerogare quam laudis. *Uid. Muncker. ad hunc locum et ad Myth. I, 2.*

praesens tempus pro praeterito. I, 30 martyria quam plurima esse (= fuisse) probantur. III, 22 et quia est scripturarum diuinarum scientia plena. III, 24 hostiam suam in sua domo maluit sepelire, ut quotiens super sepulchrum eius trinitati preces effundit, alienam se a filio numquam esse confidat. III, 25 si homini gratis fideliter exhibuit fidem, quantum debet illi, qui redditurus est pro fide mercedem. *Pass.* 6 si reperta est pars aliqua pereuntium coruorum, maior est tamen numerus felicium columbarum.

praesens = futur. II, 4 habetis, *ibid.* iubentur. II, 5 gubernat. II, 43 et facio. II, 44 et ego scribo. II, 76 non intellegitis. II, 87 remittitur. III, 3 imputat. III, 17 dimittit. *Pass.* 12 separat. — *cf.* II, 101 permanere confidimus et speramus.

praesumere = inuadere, usurpare III, 8. = audere III, 20.

uel facultas est III, 9. *cf. Indic. ad Lactant. ed. Bucnem.*
subiectos facere condemnationi grauissimae III, 9. — *ibid.* publico crimini esse subiectos.
subire sententiam capitalem I, 47.
subiugare uerberibus III, 9.
sublimiter = superbe I, 51.
subreptio = dolus, fraus. III, 13 nihil ualituris quae forsitan per subreptionem quemquam talium contigit promereri; *cf. Iordan. Get. cap. 36. 48.*
subrigere ignibus III, 27 (*an* tollere in ignes, *i. e.* in rogum? *cf. Ducang. s. u.* surrigere).
subsistere = existere, esse. II, 56. 57. 67. 69. 70. 78.
substantia = οὐσία, bona. I, 35. 48. 50. II, 23. III, 2. 15. 16. 53. 63. *Pass.* 6. = essentia, *passim in Libro fidei.*
substantiuum post relatiuum iteratur. I, 22 in his regionibus uersabantur, quae regiones palatio tributa pendebant. II, 1 statuit requirendos hereticos Manicheos... quos paene omnes Manicheos suae religionis inuenit. II, 20 ingentes coeperunt lapides iaculari: qui lapides dum cecidissent in terram.
subtilitas = calliditas, astutia, uersutia. II, 1. 28. III, 17. *cf. Iordan. Get. cap. 36. 43 et Ducang.*
suggerenda = libellus supplex II, 40. 42; *uid.* suggestio.
suggerere = loqui *uel* scribere ad magistratum *uel* ad regem referendi, rogandi, monendi, suadendi causa. I, 35. II, 8. 24. 27. 41 (*ter*). III, 1. 38. 39 (*bis*). = petere ab aliquo. II, 48 suggerit cuidam diacono, ut eum episcopo nuntiaret. = suadere. III, 45 suggerente sibi diabolo.
suggestio = oratio, declaratio, '*mündliche Vorstellung*' II, 5. III, 16. = consilium *Pass.* 3. = libellus supplex *uel* litterae rogatoriae II, 42. 43.
super corpus et sanguinem eius iurauimus III, 28.
supinum in u. I, 20 aspectu clarus et esu suauis.
suspendium = machina qua quis suspenditur. III, 28 de suspendio clamabat.
suspensio = suspendium. III, 31 de illa altitudine suspensionis ictu ualido conruentes.
sustentatio ciborum III, 52.
suus *et* se *pro* is *et* ipse. I, 15 uniuersas (ecclesias) cum suis (= earum) diuitiis abstulit. II, 54 sibi (= ab eo) nomen usurpatum. III, 7 secum = cum ipsis. III, 8 ut nulla exceptis superstitionis suae (= ipsorum) antistitibus ecclesia patuisset; *cf. ibid.* suae fidei, suis antistitibus. III, 26 illa ... mundum cum suis (= eius) desideriis contemnebat.
synonymorum coaceruatio. Prol. 2 gloriam elationis. I, 1 populus Uuandalicae gentis. I, 2 uterus uentris. I, 3 deuastando depopulabantur. I, 6 palorum uectibus; *cf. Pass.* 14 remorum uectibus. I, 6 torquendo cruciabant. *ibid.* ira furoris ... honorem dignitatis. I, 8 aedificiis magnarum aedium uel domorum. I, 9 hostilitas barbarici furoris. I, 11 dulcedo suauitatis. I, 20 decorem splendoris. I, 22 prophetiae uaticinium. I, 49 prosapia generis; *cf.* III, 69 stirpe generis. II, 12 desiderii uoluntatem. II, 18 palleis uelaminum ...fulgoris candore. II, 37 ueneni uirus; *cf.* III, 15 ueneno toxicato. II, 48 ueloci agilitate. II, 53 disputationis conflictum. II, 54 afflictionem persecutionum. II, 68 secreti arcanum. II, 74 generationis natiuitatem. II, 76 breuitatis conpendium. II, 77 uirtute potentiae. III, 14 imperii nostri regimine. III, 25 caedes innumerabilium fustium (*cf.* fustes). III, 26 regiae iussionis praeceptum. III, 38 in itinere longioris uiae. III, 43 poenarum suppliciis. III, 46 uoluntatis propositum. III, 48 pollutionis sacrilegium. III, 50 pignera filiorum...meatu exitus. III, 70 probrorum scelera. *Pass.* 1 superandi uictoriam. *Pass.* 3 tetrae nigredinis inluuie sordulenta.

Talis = hic, is II, 9. III, 3. 8. 11. 13.
taliter I, 19. 38. III, 16. 26.
tanti = tot III, 12. 67.

27 uoluit liberare *i. e.* liberauit. *similiter* III, 6. 20. 37. 43. 63. *Pass.* 8. 13. — 6) uideri. I, 17 occurrere uisi sunt *i. e.* occurrerunt. I, 29 tres tantum esse uidentur *i. e.* sunt. *cf.* I, 49. II, 43. III, 5. 6. 7. 8. 11. 13. 71. *Haud aliter iudicandum est de passiuis* cognoscor, demonstror, doceor, manifestor, monstror, noscor, probor, *quae suo quodque loco commemoraui, item de uerb. impers.* contingit.

uerbum facere *cum dat.* = praedicare II, 8. 28.

uerecundia = pudendum facinus, turpitudo, ignominia. III, 53 nec eum retinere potuit Antonius propter uerecundiam suam *i. e.* propter turpe facinus, quod antea in eum commiserat (*cf.* §. *45. 46.*); *uid. Ducang.*

uerecundus = turpis, ignominiosus, ἀσχήμων. I, 28 et quia tacendum semper non est de impietatibus hereticorum, nec uerecundum poterit esse quod ad laudem proficit patientis. *cf. Iordan. Get. cap. 7 et 10; Jahrb. f. class. Phil. 1874 p. 846.* — uerecunda membra = membra turpia III, 22. uerecunda pudoris II, 24.

ueredi = ueredarii II, 38. III, 39.

uergi in somnos II, 48.

uestigia = pedes. II, 34 suosque infantulos uestigiis martyrum proicientes; *cf. Ducang.*

ueteranus = uetus II, 15.

ueternosus = uetus *Pass.* 2.

uexillum = signum (crucis) I, 43. II, 50.

uicinari = uicinum esse III, 42.

uicis. III, 9 quinque uicibus.

uictima = mactatio, σφαγή. *Pass.* 10 quasi agnos innocuos ad uictimam deducebat; *cf. Roensch p. 327.*

uideri = esse. I, 9 ubi munitiones aliquae uidebantur. I, 30 uidebatur acceptus. II, 2 laudabilior tyrannus uidebatur. II, 12 prudens et sapiens uidebatur. II, 82 non potest uideri condicio seruitutis. *Pass.* 12 qui infantulus uidebatur. *cf. Ducang.*

uindicare sibi = impetrare. I, 7 nullam sibi ab hospitibus misericordiam uindicabat.

uindictrix ira I, 35 (*uar. lect.* uindicatrix).

uires fisci III, 8 (*saepe in Cod. Theod.; cf. exempli gratia lib. XVI, tit. 5, 3. 7. 8. 17. 21. 58*).

uirgulta = arbores. III, 55 pomorum uirgulta.

uiridare *uerb. act.* III, 55 non sata respersa uultus cespitum uiridabant.

uirtus = uis, δύναμις II, 71. 77. 78. 86. III, 3. *Pass.* 9. — supernae angelorum uirtutes II, 80. — uirtutes = miracula II, 95.

uisere = uidere III, 56.

uisitare II, 47. 50.

uisitatio II, 31. 48. 49.

uisus = uisio. II, 47 diciturque ei nocte per uisum.

unus = *articul. indefin.* I, 20 unus panis mundissimus ac simulacius adferatur. I, 41 lector unus. II, 21 unus asinus. II, 30 manu infantulum unum tenentem. III, 29 in domo una congregati.

uocales litterae: e = ae. cespes, teter, heresis *passim.* II, 1 Manicheos (*bis*). II, 2 Manicheus. *Pass.* 3 machera. *Pass.* 6 trophea. *Pass.* 7 *et* 13 Macchabeorum. III, 24 Emilius; *item Not. Maur. Caes. 47, Maur. Sit. 36.* — e = ee. II, 7 elemosynas. — e = i. I, 11 omelias. II, 18 palleisque. III, 29 Mauretaneae. (*cf.* II, 95 praefecit = praeficit *αA*, III, 13 praecepit = praecipit *αW*, II, 101 Numediae *BVP's'*, III, 8 antestitibus *B bis*, *Pass.* 7 antestis *BV*). — i = e. I, 20 simulacius. II, 37 hordiaciis. II, 72 liniamentis (*cf.* I, 17 saltim *BVCWsL*, III, 24 aduliscens *B*). — i = ii. II, 2 Olibri. II, 58. 62. 64. 68. 74. III, 20 fili. III, 43 Antoni; *cf. Hoffmann, Ind. gramm. ad Afr. tit. p. 85 sqq.* — i = y. Bizacena *semper* (I, 13. 44. II, 101). II, 2 Olibri. III, 22 Dionisiam. III, 36 clamidem. III, 61 Hieronimus. — o = u. I, 34 incolomes. II, 11 incolomis. — u = i. I, 20 simulacius, simulaginis, simula. II, 19 simulagini. — u = o. II,

---

ADDENDA ET CORRIGENDA.

p. 2, 4 *uerba* satis est . . . magister eius *sunt euang. Matth. 10, 25.*

p. 49, 19 *interpunge* patrem. quomodo.

p. 66, 12 *lege* quis.

p. 157, col. 2, *uers. 1 adde* extensam II, 23.
